LE LANGAGE DRAMATIQUE DANS LA TRILOGIE DE BEAUMARCHAIS

Sophie LECARPENTIER

LE LANGAGE DRAMATIQUE DANS LA TRILOGIE DE BEAUMARCHAIS

Efficacité, gaieté, musicalité

LIBRAIRIE NIZET
37510 SAINT-GENOUPH
1998

« Ce n'est pas
parce qu'on a démonté
une scène qu'on
a compris son secret.
Et c'est mieux ainsi. »

Yves Stalloni

• Remerciements sincères et respectueux à Jean-Pierre de Beaumarchais pour son attention et ses encouragements.

• Merci à Benoît, Frédéric, Hélène, Laurent, Marc, Monique, Vincent.

INTRODUCTION

Du théâtre de la seconde moitié du XVIIIe siècle, la postérité n'a retenu que deux pièces : **Le Barbier de Séville** et **Le Mariage de Figaro** de Pierre Augustin Caron de Beaumarchais. Phénomène curieux, si les biographies de l'auteur sont nombreuses, rares sont les études sur son œuvre.

Des textes qui suscitent pareil engouement deux siècles après leur rédaction méritent pourtant qu'on s'interroge sur les secrets de leur confection... Aussi, avons-nous eu envie de nous pencher sur le langage dramatique de Beaumarchais, envie de comprendre d'où vient l'efficacité de sa dramaturgie, d'où naît la joie si propre à ses dialogues dans l'œuvre étonnante qu'est **La Trilogie**. Le ton n'y est guère uni, la bienséance n'est pas toujours sauve, les vraisemblances sont fréquemment méprisées et les bigarrures du style font, pour l'abbé Brémond, de Beaumarchais « le pire fléau de notre langue »... Et pourtant, l'œuvre demeure, qui séduit toujours – du moins les deux comédies au rythme gai et dynamique.

Pourquoi travailler sur **La Trilogie** ? Pour trouver l'unité sous la variété, la cohérence sous la différence ; parce que nous avons alors la chance de pouvoir travailler sur trois époques d'un langage qui se construit. **Le Barbier de Séville** stigmatise déjà certains réflexes d'une écriture encore lourde du poids de la tradition ; **Le Mariage de Figaro**, « cette monstruosité littéraire » selon Brunetière, est l'œuvre de la maturité dans laquelle le système dramatique, original de Beaumarchais trouve toute sa cohérence. Quant à **La Mère coupable**, vite rédigée, c'est une œuvre de la vieillesse ; on y voit les mêmes procédés rhétoriques que dans les deux comédies, mais exacerbés, accumulés sans jamais être allégés par des effets rythmiques dynamisants : comme si le souci obsédant d'émouvoir empêchait l'auteur de retrouver l'aisance et le naturel des deux pièces espagnoles. Alors, pourquoi ne pas se pencher uniquement sur les deux comédies, seules pièces dignes de l'auteur selon Sainte Beuve – « l'œuvre dramatique de Beaumarchais se compose uniquement de deux pièces (...) le reste est si fort au-dessous de lui qu'il n'en faudrait même point parler pour son honneur. » ?

Parce que, si l'œuvre dramatique de l'auteur est inégale, les pièces moins réussies éclairent les chefs-d'œuvre et en soulignent les beautés. La comparaison des trois pièces, de la jeunesse de l'une, de la maturité de l'autre et de l'expérience, voire l'usure, de la troisième, permet de saisir, à travers les récurrences stylistiques, la théâtralité et la force du langage dramatique de Beaumarchais.

Notre démarche ne prétend aucunement à l'exhaustivité ; le sujet, large, nous a conduit à choisir certains points plutôt que d'autres, engageant de manière évidente notre subjectivité et notre sensibilité. Nous avons préféré, en effet, développer plus précisément ce qui nous apparaissait touchant et original dans l'écriture de Beaumarchais, plutôt que de tenter un inventaire laborieux et sans doute très difficile à réaliser.

Notre étude se déroulera en trois temps. Il nous a semblé nécessaire de nous pencher tout d'abord sur la naissance du langage dramatique. Bien ancré dans son siècle, l'auteur semble pourtant avoir très tôt opté pour un renouveau des formes théâtrales. Nous nous efforcerons de comprendre comment s'est construite l'« écriture » du dramaturge : grâce aux manuscrits retranscrits par E.J. Arnould et J.B. Ratermanis, nous nous

pencherons sur l'évolution du langage vers la pureté et la concision que met à jour le travail des réécritures successives. Déjà
apparaîtront clairement certaines caractéristiques du « style »
de l'auteur, quelques uns de ses choix.

Dans un second temps, nous nous attacherons à cerner les
spécificités, les éléments constitutifs du langage construit, qui
forment un système cohérent, mêlant efficacité et gaieté. Nous
serons alors contraint d'isoler, de manière artificielle les « effets » qui, lors des représentations, sont évidemment concen-
trés. Ainsi, nous découvrirons l'originalité d'une parole
dramatique « naturelle », située dans un lieu aux confins de
notre monde et de l'imaginaire, du vécu et du rêvé ; nous ana-
lyserons la stylisation d'un langage qui se construit en références constantes à la réalité et qui pourtant secrète son mode
d'expression avec ses règles propres et ses structures singulières. Nous verrons alors comment Beaumarchais affine les
procédés traditionnels, leur redonne une nouvelle force, leur
confère une variété qui accroît leur clarté et leur dynamisme.

Enfin, nous constaterons combien l'auteur s'est bien « frayé
un nouveau sentier » en revendiquant une « franche et vraie
gaieté » qui mêle maints types de comique.

Pour finir, dans un troisième temps, nous suggérerons une
analogie, qui nous a été soufflée par Mozart et Rossini, entre
La Trilogie et une symphonie, voyant dans le langage dramatique des rythmes et des sonorités tout musicaux. Il nous
plaisait d'analyser sur le plan esthétique ce que nous avions
envisagé d'un point de vue pragmatique, justifiant notre « dé-
rive » par la connaissance que nous avons du plaisir volup-
tueux que prenait Beaumarchais à écrire.

L'intérêt et la difficulté de notre étude tient à notre refus
de choisir entre l'attitude du stylicien qui regarde et analyse
le texte au microscope et celle du spectateur qui écoute et se
laisse emporter par le dialogue. Les travaux sur les textes dramatiques sont nécessairement confrontés à ce paradoxe d'un

langage écrit pour être dit, joué, et vu, qu'une étude à plat tra-hit. Conscient de cette double dimension du langage drama-tique, notre travail tentera de ne pas oublier la force de vie du texte.

+ Pour les citations, nous nous sommes référés à l'édition originale des textes présentée par Jean-Pierre de Beaumarchais et aux éditions précé-dentes proposées par E.J. Arnould et J.B. Ratermanis que nous retranscri-rons dans l'orthographe moderne par souci d'une plus grande lisibilité.

+ Nous admettrons les abréviations caractérisant les manuscrits qu'em-ploient Arnould et Ratermanis, à savoir :

F : Famille / BN : Bibliothèque Nationale / CF : Comédie-Française.

CHAPITRE 1

LA NAISSANCE DU LANGAGE DRAMATIQUE

A. Une langue née
d'un carrefour d'influence

B. Un langage nouveau

C. Un langage qui s'épure

A. Une langue née d'un carrefour d'influences

Parce qu'on n'est pas écrivain impunément au XVIIIe siècle ; parce que naître dans cette période riche en paradoxes, qui mêle libertinage et rigorisme, ne peut qu'influencer une vie, une écriture ; parce qu'enfin un auteur est bien ce que son entourage, son éducation, sa condition l'autorisent à être, il nous a semblé nécessaire de nous pencher sur ce creuset social et familial qui vit s'épanouir Pierre Augustin Caron de Beaumarchais. L'écriture se nourrit d'une époque et de ses modes, certes, mais elle s'élabore encore autour d'admirations et de goûts personnels. C'est ce que nous tenterons de mesurer dans cette première partie concernant la naissance du langage dramatique de Beaumarchais.

L'ÉCRITURE D'UNE ÉPOQUE

Le XVIIIe : Le goût du plaisir face au moralisme

> « *Si l'optimisme est une chimère,*
> *il faut avouer qu'il n'en est pas de plus gaie.* »
> Beaumarchais – 1774

Le XVIIIe siècle se caractérise par sa double aspiration : le plaisir y est à la fois valeur et crime ; une soif de libertinage, d'hédonisme, côtoie un besoin de moralité, une aspiration à la vertu, une revalorisation de la raison ; Boucher s'expose aux côtés de Greuze ; **Manon Lescaut** grandit auprès du **Fils Naturel**. Beaumarchais a su s'enrichir de ces deux courants, y puiser rigueur et optimisme, sérieux et gaieté. La pensée des lumières apportera à son écriture sa précision et sa liberté : la conquête du bonheur s'érige en credo. De la chasse au plaisir des libertins, Beaumarchais retient la nécessité du rire « de peur d'être obligé d'en pleurer », le goût du ludique, l'envie d'écrire « par délassement », par « amusement », sans prendre la littérature au sérieux. Il est en effet cet amateur professionnel – au sens étymologique – de l'écriture ; écriture en liberté, écriture publique, en évasion. L'optimisme, point de contact entre raison et passion, va pouvoir s'exprimer en fantaisies verbales et jeux sonores qui témoignent d'une énorme joie de vivre et d'écrire.

Le XVIIIᵉ siècle enrichit Beaumarchais de ce goût du plaisir et de cette gaieté dont il habillera Figaro autant que lui. Mais, si cette civilisation est un modèle de raffinement pour l'Europe entière, n'oublions pas qu'elle s'accompagne de l'exacerbation de la pensée critique comme arme littéraire et philosophique contre l'obscurantisme des préjugés et les sombres effets de l'injustice. Tout est à examiner, « à remuer » selon le mot d'ordre des encyclopédistes qui menacent, par leur ambition novatrice et libératrice, institutions et traditions politiques, morales, religieuses et esthétiques. Un besoin vivace de changement apparaît, sous-tendu par une nouvelle valeur : l'Esprit.

Une nouvelle valeur : l'Esprit

Face à la sclérose des conventions, face à ceux qui se sont « donné la peine de naître » et rien de plus (1), l'homme d'esprit devient premier. Dans les salons, grands seigneurs et écrivains se côtoient ; la disparité des rangs s'efface le plus souvent devant le règne de l'Esprit, et le « mode » des idées conduit parfois les aristocrates à savourer des théories les condamnant – ainsi le Comte riant des traits d'esprit de Figaro –. Le salon, et son reflet chatoyant le théâtre, autorisent les conversations les plus hardies pourvu qu'elles s'expriment de manière divertissante et raffinée.

---

(1) Mariage de Figaro, Acte V, scène 3.

Beaumarchais l'accepte, qui donne aux valets l'esprit, prônant l'énergie comme la valeur supérieure et l'ironie comme « *un remède au désespoir.* »...(2) Figaro est celui qui, « *perdu dans la foule obscure* » se hisse au plus haut degré d'humanité en considérant la force de penser comme une revanche, une marche vers la conquête sur les inégalités d'une société où la naissance donne ou retire tout.

La nature reprend ses droits. Le XVIIIᵉ siècle c'est aussi Rousseau et l'engouement pour l'être naturel, l'être comme individu unique, aux potentialités multiples, indépendantes de son milieu, de sa condition sociale. C'est le temps où l'on peut être écrivain en appartenant à la noblesse d'épée – Saint-Simon –, de robe – Montesquieu –, au clergé – Condillac ou l'abbé Prévost – mais aussi en étant d'origine roturière – Beaumarchais –, ou provinciale – Diderot. Le talent ou l'argent réussissent à faire oublier la naissance, c'est la victoire de l'Esprit sur le poids des conventions lourdes.

Le théâtre, reflet de l'esprit nouveau

Le théâtre devient le reflet de cet esprit nouveau, écho public d'une métamorphose sociale souterraine. Le brio de l'activité philosophique du siècle tend souvent à effacer l'intensité de la création littéraire et théâtrale de l'époque. L'écriture se mue en peinture sociale, on ne peint plus des « caractères » mais des « situations » ; sur les scènes se dit une société en mouvement qui cherche à s'épanouir au sein de nombreuses interrogations. Les mots eux-mêmes se ressentent de ce climat de régénérescence ; le langage s'épure, s'interroge sur lui-même, se cherche dans le refus des règles et le goût du plaisir.

Le XVIIIᵉ, voit naître Marivaux, et le « marivaudage » comme quête d'une forme d'expression capable de révéler les

---

(2) Jean-Pierre de Beaumarchais. *Introduction* à l'édition Classiques Garnier du **Théâtre de Beaumarchais.**

êtres. La parole devient action, elle est arme ou défense, elle dissimule et révèle. Dans le flux mouvant des circonstances, l'initiative appartient à celui qui sait maîtriser les mots avec esprit et art. Apparaissent dans les comédies – au sens large – deux types de personnages : ceux qui détiennent les secrets de l'expression, qui se masquent ou s'offrent sous des vocables purifiés, qui disent le mot d'« amour », et ceux, auxquels manquent les clés, les acceptations vraies, qui disent les « mots d'amour ».

Comme Marivaux, Beaumarchais revalorise le mot, le délivre de ses scories, départageant ceux qui se servent du langage comme d'une arme (Figaro, le Comte, Suzanne...) et ceux qui restent au stade du sentiment, de l'instinct (la Comtesse, Bridoison...), ceux qui jouent de sous-entendus, et ceux qui échappent à la dissimulation. Figaro deviendrait-il alors ce « phraseur », cette « machine à mot » comme le dénonce Sarcey ? La force de Beaumarchais est sans doute d'avoir su concilier son goût des mots avec la création de personnages au caractère riche, juxtaposant deux discours : le vrai, et l'« autre » – qui dit l'apparence des choses – dans une langue conçue comme instrument de la recherche de la vérité. Comment communiquer ? Quels mots employer ? s'interrogent les personnages du **Barbier**, du **Mariage** et de **La Mère**.

Le style se rapproche de la conversation, le dialogue s'assouplit, tirades ou monologues sont assumés comme pallier de réflexion, de dénonciation ou comme prise de pouvoir par les mots ; les personnages trouvent de nouveaux moyens d'exprimer leur désir : chansons, lettres, gestes... Les mots, alors, ne sont plus jamais prononcés « par hasard ».

L'ÉCRITURE D'UN INDIVIDU : L'INFLUENCE FRANÇAISE

Des encyclopédistes, Beaumarchais accepte l'esprit novateur et tourné vers le futur, la rigueur aussi ; de Rousseau, il tire sa conception d'un homme naturellement égal aux autres, dont l'optimisme est la force active ; comme Marivaux, il aime les mots, mais il leurs confère une force nouvelle : où l'un recouvre la valeur purifiée du langage, l'autre découvre sa richesse polysémique. L'œuvre de Beaumarchais – la Trilogie en particulier – s'ancre ainsi dans une époque précise et Figaro est bien le fils légitime d'un XVIIIe siècle troublé et riche, lumineux et obscur, gai et ténébreux. Pourtant, il est encore le fils de ce jeune homme, Pierre Augustin Caron, horloger dès 13 ans, choyé par sœurs et père, qui a grandi dans un climat d'amour de la littérature et de la musique, qui admirait Diderot sans dédaigner les parades et le théâtre de foire.

Une éducation

Comment s'est formée la prismatique personnalité de Beaumarchais ? De sa jeunesse dans l'atelier d'horlogerie de son père, nous retiendrons les petits concerts et les représentations théâtrales jouées le soir avec ses sœurs. Dans la joie, Pierre Augustin Caron prend conscience de la rigueur et de la précision : qu'il s'agisse de réciter Molière, de jouer de la harpe ou de monter des montres, la concentration et le travail sont le point d'achoppement nécessaire pour progresser.

Puis, de son père, il apprend l'art d'écrire bien et sobre, gai et efficace. Peu importe qui écrivit – de lui ou de son père – l'attaque précise et rhétorique contre Lepaute à propos de l'échappement des montres... Pierre Augustin Caron découvre avec ce mémoire le pouvoir de l'écrit, des mots bien pesés. Peut alors venir le temps des premières parades (3), ces ballons d'essai fortement inspirés du théâtre de foire, qui ouvrent la voie par leur esprit, leur vivacité, leur rhétorique aux écrits qui suivent : **Eugénie, Les Mémoires contre Goëzman** et surtout **La Trilogie.**

---

(3) « Jean bête à la foire ».

Une admiration : Diderot

Le milieu familial, la prévoyance attentive de ses sœurs (Julie particulièrement), qui seront toute leur vie « lectrices-correctrices » des pièces de Beaumarchais, les encouragements pondérés d'un père qui évitent de se fourvoyer, accordent à Pierre Augustin Caron une liberté chaleureuse, propice à la création. Celui qui doit tant à son père ne peut, grandissant, qu'être admiratif d'un Diderot, si rigoureux encyclopédiste, si droit père du **Fils Naturel**. Avec cette admiration vient la passion pour un genre à la mode : le drame.

A mi-chemin entre tragédie et comédie, le drame met en scène la vertu en s'appuyant sur la sensibilité du public. C'est « *une comédie sérieuse* », « *une tragédie domestique et bourgeoise* » dira Diderot qui définit ainsi le principe d'un genre nouveau, en prose, à rapprocher du théâtre de la nature – et on retrouve Rousseau ! La scène nous offre alors une image fidèle de la vie contemporaine, des tableaux pathétiques, un spectacle réaliste, sérieux et vivant. Le langage devient celui, « *vif, pressé, coupé, tumultueux et vrai des passions* » (4). Beaumarchais aime ces pièces qui inspirent au public « *un beau sens moral* ».

Comme Diderot, il souligne l'intérêt des tableaux représentant des « *hommes frappés au cœur* », la « *vertu persécutée* », il accorde bien le primat à la peinture d'une situation comme le proposent **Les entretiens sur le fils naturel** : « *Ce n'est plus à proprement parler les caractères qu'il faut mettre en scène, mais les conditions (...) c'est la condition, ses devoirs, ses avantages qui doivent servir de base à l'ouvrage* ». Le drame est bien une des grandes aspirations de Beaumarchais et si ce genre moralisateur nous semble aujourd'hui déroger à la fonction primordiale du théâtre qui est de « divertir » (au sens large), reste que l'auteur le défendra jusqu'à sa mort avec la même fureur, la même foi.

_____

(4) Essai sur le genre dramatique sérieux.

L'ÉCRITURE D'UN EUROPÉEN

Si la soif de vertu de Beaumarchais est comblée par cette aspiration à l'écriture des drames, l'auteur est un enfant du siècle déchiré. Reste donc en lui une part de gaieté frivole, une joie débordante et sourde qui trouve naturellement à s'exprimer dans l'art de la parade et le théâtre populaire – terrain d'expérimentation à sa liberté d'écrire. Le public y est vivant et exigeant : l'auteur apprend à affermir son style et à aiguiser ses effets, à éviter les longueurs et à maintenir l'intérêt, le rire et/ou l'émotion. Le dramaturge saisit en même temps la richesse des potentialités de l'écriture théâtrale et la mesure de ces difficultés. Son langage dramatique s'abreuve alors aux sources espagnoles des « entremeses », aux sources populaires du théâtre de foire et à celles, italiennes, de la Commedia dell' arte.

L'influence du théâtre espagnol

De l'Espagne où il séjourne brièvement, Beaumarchais retient la leçon des « entremeses ». Le **Sacristain**, avant texte du **Barbier de Séville**, s'érige en preuve de l'importance de l'influence du théâtre espagnol sur sa dramaturgie. Les « entremeses » avaient coutume de mettre en scène barbiers, entremetteurs et sacristains galants ; le **Sacristain** en reprend la trame et s'en joue en inversant la convention : où les barbiers ne l'étaient que par leur titre, Figaro devient un professionnel actif du rasage, qui sait *« faire la barbe »* au moment opportun, puisqu'*« il ne se donne pas dans (la) maison un coup de rasoir, de lancette ou de piston, qui ne soit de (sa) main... »* (5). A contrario, où les sacristains étaient de pieux hommes qui succombaient à la tentation de galanterie, Lindor – dans **Le Sacristain** – devient un sacristain par travestissement, qui

---

(5) Le Barbier de Séville, Acte I, scène 4.

se sert de « *son déguisement pour (s') ouvrir une entrée libre
(...) le jour...* » et le Comte Almaviva sur ses traces dans le
Barbier viendra donner la leçon de musique à Rosine sous
l'apparence d'un bachelier révérencieux, élève de Don Bazile.

L'influence du théâtre de foire

L'exemple du théâtre populaire ouvre à Beaumarchais des
voies nouvelles et lui apprend à s'adapter aux circonstances :
il découvre les capacités de déjouer la censure et se heurte à
la nécessité de retenir un public. En effet, frappé par de multiples interdictions officielles, le théâtre de foire se plie avec
humour aux situations successives : interdit-on des pièces entières ? Les acteurs se mettent à jouer des scènes détachées ;
Impose-t-on la suppression des dialogues ? Un acteur prête sa
voix à tous les autres dans un monologue vivant ; Défend-on
aux acteurs de parler ? Ils sortent des banderoles écrites ou se
mettent à chanter ! De cette école de la ruse et de l'esquive, le
Lindor et La Rosine du **Barbier** sauront se souvenir qui chan-
tent leur amour sur l'air de « *la précaution inutile* » au nez du
tuteur Bartholo (Acte III, sc. 8) « *... Par cette ruse / L'amour
l'abuse...* » (6)

Le théâtre de la rue enseigne encore à Beaumarchais l'art
de capter l'attention du public par un langage dans lequel le
mot est hameçon. Le boniment d'un acteur doit savoir inci-
ter un public à entrer dans la salle de spectacle ; l'intéresser,
c'est le gagner à moitié ; le divertir ou le faire rire c'est le
convertir. La gratuité disparaît, les cris sont vivifiants et les
mascarades clinquantes. Le langage est conçu comme un
charme, une puissance attractive et ces parades, devant lesquelles le public peut passer sans s'arrêter si son intérêt n'est
pas éveillé, enseignent à Beaumarchais la force ensorcelante
des mots.

---

(6) Le Barbier de Séville, Acte III, scène 8.

De ces pièces qui oscillent entre farce grossière et comédie d'intrigue, l'auteur garde la verve jaillissante, la légèreté et le goût des bons mots. Sa qualité vient de sa capacité à épurer le dialogue, à structurer l'intrigue sans perdre la fraîcheur et la spontanéité des parades. Les bons mots se muent alors en mots d'esprit et les tournures amusantes qu'il récoltait dans ses **Notes et réflexions** lors de ses sorties mondaines et autres, réapparaissent dans ses dialogues sous forme de traits piquants, « concetti brillants ».

S'il conserve le « réflexe-parade » de l'intrusion d'un mot d'esprit dans le discours de l'acteur, Beaumarchais l'intellectualise : il ne s'agit plus d'amener un bon mot pour son effet comique assuré mais bien au contraire de réussir à l'incorporer au dialogue innocemment, de l'y laisser glisser quitte à tronçonner l'idée entre plusieurs intervenants afin que l'effet de surprise soit plus efficace – ce qui, poussé à l'extrême, aboutira au jeu « *pas si bête* » des proverbes truqués de Bazile « *Tant va la cruche à l'eau, qu'à la fin elle s'emplit.* » (7)

De la même manière, il affine ce que l'on trouve dans ces « *parties plus ou moins improvisées* » : allusion politique ou sociale, double sens et suggestion. L'observation des conditions sociales et des comportements humains nourrissent ses caractères ; Figaro devient ce nouveau « *héros* », conscience lucide qui revendique sa supériorité : celle de l'action, de la débrouillardise, du « *savoir faire* », face à un système de privilèges considérés comme usurpés et injustes. C'est là, sans doute, le ferment qui permettra aux révolutionnaires futurs de se servir du « Barbier-Figaro » comme flambeau de révolte contre les injustices sociales.

L'apport des parades sur le langage dramatique de Beaumarchais apparaît clairement, elles ancrent son écriture dans la vie, revêtant aspects incisifs et turlupinades qui tien-

---

(7) Le Mariage de Figaro, Acte I, scène 11.

nent du jeu verbal autant que du comique de situation et de geste – *« ces petits moyens de gaieté »*. La facilité langagière de Figaro n'a rien à envier à celle de **Jean Bête** mais peut-être doit-il encore sa virtuosité à l'Arlequino Italien.

L'influence du théâtre italien

Beaumarchais, fervent admirateur des Italiens – n'oublions pas que **Le Barbier**, opéra comique, leur était d'abord destiné – a su puiser dans la Commedia dell'arte des ressorts de comique évident. S'il reprend les thèmes d'érotisme, de courage, d'amour ou de cupidité, ils ne sont que le revers apparent d'une immersion plus profonde qui lui fait discerner les *« êtres d'amour »* et les *« êtres d'argent »*. Suzanne, Figaro, la Comtesse accèdent à l'amour vrai là où le Comte, Marceline croient au plaisir achetable comme le dénonce Suzanne à la Comtesse :

– *« Quoi, Suzanne, il voulait te séduire ?*

– *Oh, que non ! Monseigneur n'y met pas tant de façons avec sa servante : il voulait m'acheter.* » (8)

De plus, chaque personnage se voit l'héritier d'un type spécifique : Figaro pourrait emprunter sa bosse à Pulcinella, symbole du fardeau de la vie (*« J'ai tout vu, tout fait, tout usé »*) (9) et sa bonne humeur active, qui le fait *« rire de peur d'être obligé d'en pleurer »* (10) ; à Arlequino, sa ruse et sa débrouillardise ou sa capacité de rebondir d'émotion en émotion. Pantalon, lui, aurait insufflé à Bazile son goût du gain (*« Que voulez-vous ! le diable d'homme à toujours ses poches pleines d'arguments irrésistibles »*) (11) et son appétit de femme que laisse supposer l'allusion à *« l'ennuyeuse passion »* que

---

(8) Le Mariage de Figaro, Acte II, scène 1.
(9) Le Mariage de Figaro, Acte IV, scène 3.
(10) Le Barbier de Séville, Acte I, scène 2.
(11) Le Barbier de Séville, Acte IV, scène 8.

Marceline lui reproche d'éprouver pour elle. Enfin, si Rosine ressemble par son ingénuité, moins innocente que n'y paraît, aux amoureuses Colombine ou Isabella, la Jeunesse et l'Éveillé sont bien apparentés à ces Zannis comiques et un peu grotesques qui apparaissent dans la Commedia pour détendre une atmosphère tendue ou faire patienter l'intrigue en divertissant le spectateur.

De l'influence italienne, la Trilogie garde encore quelques traces lexicales, (étonnantes pour des Espagnols !), évidentes dans la tirade de la calomnie (12) (où le bruit commence *« pianissimo »* pour finir en *« crescendo public »*), ou plus discrètes dans ce *« Signora »* (13) que prononce Bartholo (I, 3) interpellant Rosine. Enfin, on peut voir dans la structure en « patchwork » une suite de scènes *« liées au hasard à la manière des canevas italiens »*.

Parce que Beaumarchais aime le théâtre italien et espagnol, parce qu'il est un amateur du théâtre de foire, il a su mesurer les limites de ces arts, et en garder la quintessence, la gaieté, et le dynamisme, dans une écriture personnelle.

---

(12) Le Barbier de Séville, Acte II, scène 8.
(13) Le Barbier de Séville, Acte I, scène 3.

B. Un langage nouveau

Le langage dramatique de Beaumarchais est bien ancré dans un XVIIIᵉ siècle prismatique et ouvert aux influences étrangères. Bien que l'auteur s'inspire des tendances à la mode – le drame, la parade – il réussit à établir un langage nouveau, qui rompt avec la tradition : où il semble reprendre une intrigue banale, il la réactualise en l'enrichissant de la force de l'ambiguïté et de l'atemporalité ; où les textes contemporains racontent, il prône un engagement politique et social, et aussi littéraire ; enfin, où le théâtre dissociait drame et comédie, catégoriquement, il les associe dans un langage dramatique qui maîtrise l'équilibre.

UNE TRAME BANALE RÉACTUALISÉE

Une intrigue traditionnelle

En puisant dans les sources variées du théâtre de foire, des « entremeses » espagnols ou de la Commedia italienne, le langage de Beaumarchais s'est affermi sur la base d'intrigues simples, de thèmes connus, de personnages traditionnels. Aussi, lorsque Beaumarchais entame la rédaction de sa première comédie, il cherche à retrouver la solidité d'une trame qui a fait ses preuves : le triangle fondamental, (le barbon, l'ingénue et l'amant) ; trois personnages, trois types communs soutenant une intrigue qui n'a rien de révolutionnaire – on la trouve déjà dans sept comédies de Molière (14) : « *Un vieillard prétend épouser demain sa pupille, un jeune amant plus adroit le prévient et ce jour-même en fait sa femme, à la barbe et dans la maison du tuteur* ».

---

(14) Comme le fait justement remarquer Jacques Scherer dans **La dramaturgie de Beaumarchais**.

A cela, Beaumarchais ajoute les quelques thèmes bien connus du cocuage, de la reconnaissance du fils, du déguisement, du billet doux ou de la « *leçon-de-chant-prétexte* » – qui est déjà chez Lope de Vega dans **Le Chevalier d'Olmedo** – et introduit quelques personnages types, valets rusés et acolytes officieux. Tout semble donc réuni pour que cette comédie soit une comédie de plus qui ne trouble guère le théâtre français...

La complexité des personnages

Pourtant, si Beaumarchais reprend les traditions, c'est pour mieux les dépasser ; s'il intègre des thèmes conventionnels, c'est pour en prendre possession et les ériger en création originale. Beaumarchais réactualise les topoï et accepte l'intrigue comme un tissu solide sur lequel pourront être brodés surprises et rebondissements inattendus. Une fois le public conquis par **Le Barbier de Séville**, plus besoin d'intrigue ferme... **Le Mariage de Figaro** laissera alors quelques critiques tout à fait sceptiques quant à l'unité d'une action divisée en 92 scènes !

La trame réside-t-elle dans le mariage attendu de Figaro avec Suzanne ou dans celui désiré de Marceline avec Figaro ? Dans l'amour inavoué de la Comtesse pour Chérubin ou dans celui revendiqué du Comte pour Suzanne ? Avec **Le Mariage de Figaro**, on comprend que « l'intrigue » n'est bien qu'un prétexte, non une fin en soi, que l'intérêt réside – et c'est nouveau ! – dans la « complexité » des personnages. En introduisant au sein de leur caractère des contradictions, Beaumarchais individualise ses rôles, les rend vivants, plus vrais, et les éloigne des simples « emplois » de comédie.

Ainsi dans **Le Barbier de Séville**, de l'aveu même de son créateur, Bartholo, vieux barbon, est « *un peu moins sot que tous ceux qu'on trompe au théâtre.* » (15) Figaro, valet astu-

---

(15) Préface du Mariage de Figaro.

cieux sert le Comte en conscience libre, volontairement. Le premier est « *l'obstacle dur* » (16), rusé, intelligent, qui, parce qu'il incarne en ce XVIIIe siècle le refus de toute innovation, est irrémédiablement voué à l'échec ; le second, apparenté à aucune tradition est le machiniste, l'auteur déguisé, qui tire les ficelles, débordant son rôle pour devenir maître de l'action grâce à sa puissance comique, ses feintes et ses réparties. Almaviva, jeune premier amoureux, pourrait bien ressembler à Don Juan plus qu'à Roméo et Rosine, ingénue vertueuse, pourrait bien confondre soif de plaisir et amour vrai. Lui, est amoureux et libertin, maladroit et calculateur ; elle, naïve et lucide, sincère et double, soumise et volontaire. Nul ne discerne en Bartholo le benêt du machinateur, ni en Rosine l'ingénue de la coquette.

De la même manière, **Le Mariage de Figaro** sollicite l'ambiguïté, croit à la richesse des croisements « d'emplois » traditionnels : le Comte est certes libertin, mais déchiré par sa lucidité face à la vanité de sa quête : « *qui m'enchaîne à cette fantaisie ? J'ai voulu vingt fois y renoncer (...) étrange effet de l'irrésolution.* » (17). La Comtesse est alanguie et délaissée, mais troublée par l'amour de Chérubin comme une « *jeune première* » – ainsi que le souligne Beaumarchais qui la montre « *rêvant* » (18). Suzanne est ingénue mais rusée et têtue, amoureuse de Figaro, mais bien dévouée à sa maîtresse. Figaro est astucieux mais sentimental et vraiment épris ; rusé mais jaloux et aveuglé par son penchant pour Suzanne. Enfin, même Marceline possède cette richesse de contraste, duègne qui soupire, mais aussi mère digne et délaissée par le père de « *(son) petit Emmanuel, ce fruit d'un amour oublié qui devait (la) conduire à des noces.* » (19)

---

(16) Jacques Scherer in **La Dramaturgie de Beaumarchais**.
(17) Le Mariage de Figaro, Acte III, scène 4.
(18) Le Mariage de Figaro, Acte II, scène 1.
(19) Le Mariage de Figaro, Acte I, scène 4.

Un nouveau facteur : le temps

Beaumarchais refuse à ses personnages toute conformité stable ; leur force réside dans cette multiplicité qu'ils incarnent. Il ne s'agit plus de caractères tout d'un bloc, d'**Avare**, ou de **Misanthrope** mais bien d'individus proches de nous par leur douleur et leur joie, leurs aspirations et leurs dégoûts. Cet effet de vie réelle est accentué par le choix de Beaumarchais d'une écriture qui brise les carcans temporels. Avec **La Trilogie**, les personnages ont le droit d'évoluer, ils prennent en compte un passé et un futur.

Beaumarchais se situe alors à la lisière du roman ; les personnages qu'il crée possèdent déjà moult facettes dans chaque œuvre. **La Trilogie** décuple les reflets, les additionne en les juxtaposant. Si Almaviva lutte contre le pouvoir d'un barbon tyrannique dans **Le Barbier de Séville**, il n'est pas moins en germe le Comte, personnage contesté du **Mariage de Figaro**. L'amour qui l'éblouit dans **Le Barbier de Séville** est éclairé par ses libertinages du **Mariage** et sa paternité naturelle de **La Mère coupable**. C'est bien le même Figaro qui sera tour à tour adjuvant puis adversaire du Comte, le même qui, barbier, léger en amour parlera du fils de Bridoison avec des allusions claires *« un bien joli enfant, je m'en vante. »* (20) pour ensuite devenir l'amoureux *« par folles bouffées »* (21) et le jaloux du **Mariage de Figaro** : *« Femme, femme, femme, créature faible et décevante ! »*.

Peut-être ces deux côtés expliquent-ils qu'il finisse mari complice dans **La Mère coupable** ; complice d'une Suzanne qui elle aussi a bien évolué : vierge fidèle qui s'empourpre aux suggestions que lui fait Figaro d'accepter les invitations du Comte :

---

(20) Le Mariage de Figaro, Acte III, scène 13. Mais la scène est reprise du manuscrit du Barbier de Séville, Acte IV, entre l'Alcade et Figaro.
(21) Le Mariage de Figaro, Acte V, scène 3.

– « *Tu te rendras sur la brune au Jardin* »
– « *Tu comptes sur celui-là ? (...) Il est joli !* » (22)
Elle semble bien s'être accommodée de compromis dans
La Mère coupable comme le lui rappelle la Comtesse : « *Je
t'ai vu autrefois lui (Bergeass) rendre plus de justice* » et
Beaumarchais fait « *baisser les yeux* » à sa servante dans un
aveu suggéré. Quant à Rosine, l'ingénue hédoniste du **Barbier
de Séville** qui souffrait d'être « l'imposante » Comtesse délaissée du **Mariage de Figaro**, elle aussi a failli, qui devient
cette **Mère coupable** pleine de remords. Tous les personnages
de Beaumarchais évoluent vers la chute, cédant à la sensua-
lité. Les idéaux les plus purs s'effritent avec le temps – ainsi
l'amour de Suzanne et Figaro ou la vertu raisonnée de la
Comtesse. Les rôles sont éclairés par ces évolutions ; le temps
existe comme facteur de changement.

Si les intrigues et les personnages s'inscrivent dans des
séries littéraires et théâtrales (les cocus de Molière et les valets de comédie), Beaumarchais a su réactualiser les topoï,
dans un théâtre qui intègre le temps, qui accepte la durée et
remet en cause les identités et les sentiments. Mais aussi dans
un théâtre qui s'engage, qui dit une idéologie et qui s'énonce
lui-même comme illusion.

UN AUTEUR PRÉSENT DANS SON TEXTE : UN LAN-GAGE QUI DIT ET SE DIT

> « *Une comédie utile et véridique* »
> Beaumarchais
> (Préface du Mariage)

Si la trame des pièces de Beaumarchais prend de la distance par rapport à la tradition, le langage surtout revendique

---

(22) Le Mariage de Figaro, Acte II, scène 2.

son originalité : porteur d'idéologie, il dit ; témoin de l'artifice théâtral, il se dit. **Le Barbier de Séville, Le Mariage de Figaro** et **La Mère coupable** reconnaissent en leur auteur le penseur et le dramaturge.

Un langage engagé : une idéologie qui dénonce et ironise

Nombreux sont ceux qui crurent voir dans Figaro la réincarnation dynamique d'un Beaumarchais qui croit à l'Esprit comme valeur suprême. En effet, Figaro possède cette verve, ce brio qui, selon René Pomeau, caractérisait Beaumarchais et le faisait recevoir dans tous les plus grands salons parisiens, cet enthousiasme délibérément gai, comme il l'écrit à son père : « *Je travaille, j'écris, je confère, je rédige, je représente, je combats : voilà ma vie... cependant je ris ; mon intarissable belle humeur ne me quitte pas un seul instant.* » Mais il est aussi cet intrigant révolté contre une société sclérosée où les « Grands » sont tout puissants, où l'on ne peut guère s'élever quand on naît (ou quand on est) barbier ou horloger. En cela encore, Figaro se nourrit des ressentiments de son créateur pour les dépasser dans un goût de la provocation et un art de l'optimisme actif. Mais se borner à des constats de ressemblance serait appauvrir l'œuvre et son auteur, même si les joutes verbales entre le Comte Almaviva et son valet (23) peuvent être interprétées comme le dédoublement potentiel de l'auteur habité de ces deux aspirations : L'une vers laquelle il tend : être un grand seigneur libertin ; l'autre qui est son essence : être un plébéien effronté et courageux.

Pour Beaumarchais, les mots, le langage dramatique s'érigent en armes contre la société, en sourde puissance revendicatrice. Si le langage de Beaumarchais est beau et efficace dramatiquement – comme nous le verrons – il est avant tout

---

(23) Le Barbier de Séville, Acte I, scène 2 et Le Mariage de Figaro, acte III, scène 5.

corrosif. L'auteur ne l'ignore pas : les mots sont actifs ; chargés de révolte, ils savent dénoncer ou ironiser avec habileté et finesse, faire la « *critique d'une foule d'abus qui désolent la société.* » (24)

Dès lors la dénonciation qui vise l'inégalité sociale s'énonce clairement comme dans la scène 5 de l'Acte III du **Mariage de Figaro** où une habile gradation sur trois répliques réduit à néant la légitimité des « *Grands* », ceux qui se sont juste donné « *la peine de naître* ». Dans un premier temps, l'auteur insinue que les seigneurs sont moins autonomes que les valets :

Le Comte : – *Les domestiques ici... sont plus longs à s'habiller que les maîtres.*

Figaro : – *C'est qu'ils n'ont point de valets pour les y aider.*

Dans un deuxième temps, il montre l'incapacité de ces mêmes seigneurs à apprécier la fidélité désintéressée de leur valet :

Le Comte : – *Combien la Comtesse t'a-t-elle donné pour cette belle association ?*

Figaro : – *Combien me donnâtes-vous pour la tirer des mains du docteur ? Tenez, Monseigneur, n'humilions pas l'homme qui vous sert bien, crainte d'en faire un mauvais valet.*

Enfin le troisième temps suggère que les « *Grands*» vivent sur une réputation usurpée... :

Le Comte : – *Une réputation détestable !*

Figaro : – *Et si je vaux mieux qu'elle ? Y a-t-il beaucoup de seigneurs qui puissent en dire autant ?*

Trois répliques dans une même scène suffisent à contester la supériorité sociale. Si l'on débute par la question de l'habillement peu grave, on en vient à la suspicion d'une vénalité cachée derrière de pures marques d'affection, pour finir dans

---

(24) Préface du Mariage de Figaro.

une mise en doute sérieuse de la respectabilité du Comte et de ses semblables...

Ailleurs, Beaumarchais dénonce, dans un jeu d'antithèses, l'inégalité entre les hommes et les femmes qui *« dans les rangs même les plus élevés (...) n'obtiennent (...) qu'une considération dérisoire ; leurrées de respects apparents, dans une servitude réelle ; traitées en mineurs pour leurs biens, punies en majeurs pour leurs fautes !... »* (25) A un autre moment, il accuse la censure qui empêche l'homme de s'élever malgré son Esprit : *« A l'instant, un envoyé... de je ne sais où, se plaint que j'offense dans mes vers la Sublime-Porte, la Perse, une partie de la presqu'île de l'Inde, toute l'Égypte, les royaumes du Barca, de Tripoli, de Tunis, d'Alger et du Maroc : et voilà ma comédie flambée (...) ne pouvant avilir l'esprit, on se venge en le maltraitant. »* (26) et la satire passe alors tant par le fond, – l'allusion transparente à l'influence de l'Église sur le pouvoir politique en matière d'écrit littéraire (27), qui est une des rares satires contre la religion que contienne la Trilogie, (hormis l'appartenance de Bazile à l'Église qui n'est d'ailleurs plus évoquée dans **Le Mariage de Figaro**) –, que par la forme ironique du processus d'accumulation.

Ailleurs encore, c'est l'arbitraire du pouvoir politique qui est mis au pilori et l'injustice de la Justice, *« indulgente aux grands, dure aux petits... »*. Ces traits d'ironie acerbe et piquante sont bien témoins (on en fera des porteurs) d'une immense révolte ; révolte contre la société et surtout contre les hommes qui la constituent ; ces calomniateurs et ces intrigants, ces médecins et ces nationalistes.

Plutôt que de nous tracer le portrait d'un avare, Beaumarchais nous en parle, nous expose sa théorie. C'est parfois plus efficace. **La Mère coupable** et son Bégearss molié-

(25) Le Mariage de Figaro, Acte III, scène 16.
(26) Le Mariage de Figaro, Acte V, scène 3 (monologue de Figaro).
(27) Le Mariage de Figaro, Acte III, scène 5.

resque s'éloignent en cela des deux comédies. Dans **La Mère coupable**, il faut toute la pièce pour tracer le noir portrait du Tartuffe nouveau, intrigant diabolique, **Le Barbier de Séville**, pourtant, nous en donnait un exemple plus brièvement avec son Bazile cédant « *aux arguments irrésistibles* » d'un Comte qui ne « *lésine pas sur les frais* » !

Dans les Comédies, l'ironie de certains traits sait bien accuser ces médecins dont l'art est décrit comme « *utile tout à fait, pour ceux qui l'exercent – un art dont le soleil s'honore d'éclairer les succès ! – et dont la terre s'empresse de couvrir les bévues...* » (28) ou ces calomniateurs qui peuvent « *écarter* » un particulier en « *suscitant une méchante affaire* » (29) car ils savent qu'« *il n'y a pas de plate méchanceté, pas d'horreur, pas de conte absurde, qu'on ne fasse adopter aux oisifs d'une grande ville en s'y prenant bien (...) pianissimo (...), piano piano (...) rinforzando (et) crescendo...* » (30).

Quelques tirades des plus célèbres dissimulent encore sous leur gaieté malicieuse une satire hardie : Ainsi celle du « goddam » magique de Figaro, « *Ce fond de la langue* », qui fait rire, démontre les préjugés des hommes simples et l'intolérance populaire : comment peut-on appartenir à un pays où l'on préfère un bœuf salé à un poulet gras, de la bière à du Bourgogne ? Ainsi encore celle sur la politique, qui sous des dehors attrayants d'éloquence et de jeu avec les paradoxes, pose les vrais problèmes d'une société dans laquelle c'est la médiocrité qui permet d'avancer : « *Médiocre et rampant, et l'on arrive à tout.* » (31) et dans laquelle la réussite repose sur la tromperie, la dissimulation : « *Feindre d'ignorer ce qu'on sait, de savoir tout ce qu'on ignore ; d'entendre ce qu'on ne comprend pas, de ne point ouïr ce qu'on entend...* »

---

(28) Le Barbier de Séville, Acte II, scène 13.
(29) Beaumarchais en fait les frais à plusieurs reprises...
(30) Le Barbier de Séville, Acte II, scène 8.
(31) Le Mariage de Figaro, Acte III, scène 5.

UNE UNITÉ INTRINSÈQUE DU DRAME ET DE LA COMÉDIE

Le théâtre du XVIIIe siècle oscille, nous l'avons vu, entre deux pôles antithétiques : drame et parade. Beaumarchais est sans doute le seul à réussir l'union de ces deux genres en nourrissant son théâtre des expériences dramatiques les plus récentes de son époque, sans négliger l'« *ancienne et franche gaieté de notre nation* ».

Il est évident que le rire supplante les pleurs dans les comédies de Beaumarchais, même si ses pièces ont bien retenu les leçons du drame et celles de la comédie, ont su dissoudre leurs contradictions, les digérer, les unifier. **Le Barbier de Séville** et **Le Mariage de Figaro** mêlent comique et sérieux, réalisme et fantaisie dans des spectacles qui refusent de se plier aux règles de la tradition sclérosante. La comédie d'intrigue ne se dissocie plus de la comédie sociale, ni la comédie sociale du drame sentimental. « *La franche gaieté* » naît de la juxtaposition équilibrée du grave et du tendre.

Drame et comédie sont deux faces étroitement imbriquées d'une même vision du monde. De même que dans la vie de Beaumarchais, jours de plaisir alternent avec jours de peine, les déboires en affaires avec l'éternel et irréductible désir de rire, les succès populaires avec les emprisonnements solitaires, les aventures romanesques avec les entreprises sérieuses, on retrouve dans son œuvre les répercussions de cette double aspiration, son écriture va faire du rire et des pleurs deux chaînons complémentaires. A l'échelle des scènes, des pièces ou de la **Trilogie**, Beaumarchais fait siennes les vues de Lope de Vega : « *Lorsqu'il faut composer, j'enferme mes règles à triple verrou (...) en mêlant le tragique au comique (...) vous aurez une partie sérieuse et une autre divertissante. Cette variété plaît beaucoup. La nature même nous en donne l'exemple car c'est de sa diversité qu'elle tire sa beauté.* » Les premiers balbutiements du **Barbier de Séville** apparaissent sous la forme d'une « *sorte d'opérette folle* » (1773).

Déjà, dans cet opéra-comique, composé par Beaumarchais – et refusé par ses amis du théâtre italien – on sent les prémices de son écriture dans l'alternance souhaitée du comique et du dramatique. Les brouillons de l'opéra comique et les mots définissant les scènes attestent de l'imbrication étroite du rire (scène 5 et scène 6 : « *elles tiennent un peu de la parade...* ») et du sérieux (scène 7, avec le doigt taché d'encre de Rosine prise en flagrant délit de mensonge). Ainsi, le dramaturge a bien dans l'esprit de juxtaposer une scène de comique grossier avec une scène plus fine, aux sentiments forts – la jalousie et le mensonge – qui risque de basculer vers le drame. On retrouve cette caractéristique à l'échelle des pièces, dans le choix même d'une Trilogie.

A l'échelle de la Trilogie :
le drame comme dénouement inévitable

Si l'on se penche sur l'évolution de la Trilogie, on note une marche « nécessaire » vers le drame. Chaque fin de comédie est un accord provisoire, un armistice. Ce schéma semble calqué sur la philosophie hédoniste de Beaumarchais qui justifie la quête du plaisir – du registre de la comédie – mais en souligne les risques – le basculement vers le drame potentiel. Rires et pleurs font partie de sa vision du monde comme unité des contraires. **La Mère coupable** existe en germe dans la fin du **Mariage de Figaro** puisque rien n'est résolu même si « *tout finit par des chansons* ». Que vaut en effet la promesse de fidélité du Comte ? Que devient Chérubin ? Conflits latents ou rancœurs non résolues font bien du drame l'inévitable suite de la comédie. Pour l'auteur, un avenir sombre est imbriqué dans les joies du présent.

Sa **Lettre modérée sur la chute et la critique du Barbier de Séville** l'annonce clairement qui imagine un 6ᵉ acte où le dénouement hésite entre drame et comédie :

« Mais le fils (...) se donne un coup de rasoir, selon le sens du troisième vers :
Puis tournant sur lui-même et le fer et le crime, il se frappe,
et...
Quel tableau ! en n'expliquant point si, du rasoir, il se coupe la gorge ou seulement le poil au visage, on voit que j'avais le choix de finir ma pièce au plus grand pathétique. »

Le drame était donc latent depuis **Le Barbier de Séville** et **La Mère coupable**, point d'aboutissement nécessaire. Ce lien qui relie les pièces de la Trilogie, comme durant trois jours successifs (44), on le retrouve intrinsèque dans chaque pièce, parfois même au sein d'une même scène où l'émotion suit le va-et-vient du rire aux larmes.

A l'échelle des pièces : la juxtaposition
des scènes dramatiques et des scènes comiques

Dans ses pièces, Beaumarchais alterne scènes de comédie et scènes de drame, comme il l'exprime dans **Un mot sur La Mère coupable** : *« Les hommes de lettres qui se sont voués au théâtre, en examinant cette pièce, pourront y démêler une intrigue de comédie fondue dans le pathétique d'un drame (...) le mélange heureux de ces deux moyens dramatiques employés avec art, peut produire un très grand effet. »* Et de même que **La Mère coupable** verra une *« comédie d'intrigue, soutenant la curiosité »* marcher *« tout au travers du drame »*, de même, et de manière plus coulée, plus habile, dans ses comédies, c'est

---

(44) Comme l'insinue Beaumarchais dans **Un mot sur la Mère coupable** : « Après avoir bien ri, le premier jour, au Barbier de Séville (...) après avoir, le second jour, gaiement considéré, dans la Folle Journée les fautes de son (Almaviva) âge viril (...) Par le tableau de sa vieillesse, et voyant La Mère coupable venez vous convaincre avec nous que tout homme (...) finit toujours par être bon. ».

une intrigue de drame qui marche tout au travers de la comédie : dans **Le Barbier de Séville**, sous la comédie du cocuage
rampe le drame du mensonge, de l'amour trompé et du primat
des sens ; dans **Le Mariage de Figaro**, sous la comédie du
droit de cuissage se faufile le drame de l'infidélité, de la sen-
sualité et de la jalousie, et les scènes difficiles de la reconnaissance du fils, ou du monologue existentiel de Figaro.

Le drame potentiel n'est esquivé que par la fidélité irréductible de Suzanne. Les situations ne font que se succéder,
elles s'articulent mutuellement, afin que chacune tire sa force
de la précédente. De cette sorte, la scène de stupéfaction de
Bazile dans **Le Barbier de Séville** (45) bénéficie bien de la
situation dramatique antérieure : l'intrusion du Comte déguisé
et la manœuvre de Figaro pour dérober les clés. Le public rit
du contraste autant que de la situation en elle-même, de la juxtaposition de deux langages différents.

De la même manière, dans **Le Mariage de Figaro**, on découvre ce jeu subtil de l'écriture qui tend la situation pour
mieux mettre en valeur ensuite le badinage et vice-versa. Ainsi
dans les scènes 7, 8 et 9 observe-t-on cette alternance toute
musicale : la scène 7 voit discutailler Suzanne et Chérubin, le
ton est frivole et le rythme enlevé comme laissent à penser les
didascalies : Chérubin « *accourant* », Suzanne « *raillant* »,
Chérubin « *vivement* », Suzanne « *le retirant* », tous deux
« *tour(nant) autour du grand fauteuil* », l'un « *exalté* », l'autre
« *riant* ».

Le Comte fait son apparition scène 8 et avec lui la tension
monte et le risque de Chérubin d'être découvert introduit une
note légèrement dramatique. Le ton devient plus haché, Suzanne
émet quelques phrases courtes et sèches : « *Vivement : je
n'écoute rien ;* » ou « *effrayée : je n'en veux point, Monseigneur,
je n'en veux point. Quittez-moi, je vous prie.* » même si le

---

(45) Acte III, scène 2.

Comte, lui, reste sur le mode de la fantaisie – ce qui est justifié psychologiquement par son ignorance de la présence du page et du drame : *« parle, parle, ma chère ; use aujourd'hui d'un droit que tu prends sur moi pour la vie.»* ou *« gaiement : (...) Ah ! Suzette ! ce droit charmant (...) »*. Enfin, avec la scène 8 et l'arrivée de Bazile, on bascule à nouveau vers le danger du Comte découvert avec Suzanne en tête-à-tête mais surtout du Comte découvrant Chérubin derrière le fauteuil en s'y cachant lui-même.

Là encore, le dramaturge laisse croître l'émotion jusqu'à son sommet pour mieux nous faire apprécier le comique de situation de Suzanne discutant avec Bazile d'un *« secret pour Chérubin »* – concernant le droit de cuissage que le Comte voudrait appliquer – et d'un secret pour le Comte – concernant l'inclination que le page aurait pour la Comtesse –, tout cela devant les quatre oreilles les plus indiscrètes... La cocasserie fait rire même si le spectateur sent bien que la situation est inextricable.

La découverte de Chérubin dans un lever de rideau (ou de robe) est le point d'achoppement de la scène, son but ultime. La tension dramatique s'est accentuée d'un mouvement à l'autre dans une gradation habile : Au *« Ah !»* du Comte découvrant Chérubin sur le fauteuil, nous frôlons le drame. Les scènes 10, 11, 12 de l'Acte II sont encore un bel exemple de ce goût de Beaumarchais pour le mélange des genres : le spectateur sait Suzanne dans le cabinet, ce qui lui permet de savourer le dédoublement de la scène ; pathétique, voire tragique pour les protagonistes, elle présente au lecteur maints aspects de fine comédie, comme ces répliques de la Comtesse *(« du trouble pour ma cameriste ? »)* ou du Comte *(« Vêtue ou non, je la verrai. »)*, qui frôlent le vaudeville.

La scène ne devient ainsi jamais complètement tragique. Le pastiche du langage du drame ou de la tragédie est toujours assez perceptible pour faire sourire, toujours assez léger pour que subsiste l'émotion, Beaumarchais mêle avec un tact remarquable les tons du drame et de la comédie.

A l'échelle de la Trilogie, à l'échelle des pièces, Beaumarchais parvient à entremêler les deux tendances dramatiques à la mode. Même à l'échelle des répliques, il déploie le même talent.

A l'échelle des répliques

A l'échelle des scènes, dans le jeu des répliques, Beaumarchais affirme encore une irréductible présence du rire (*« force comique »*) qu'il associe au sérieux (*« force dramatique »*) avec une possibilité constante de renversement qui laisse certaines scènes *« sur le fil »*, dans une instabilité des plus riches. En cela, la scène 14 de l'Acte II du **Barbier de Séville** nous paraît révélatrice de cette *« double postulation »*. Nous tenterons de le montrer à travers l'étude des premières répliques.

Le comte s'est introduit chez Bartholo travesti en cavalier pris de vin. Arrive Rosine. La situation tend bien vers le comique puisque le Comte est déguisé sous un *« uniforme de cavalerie »*, ce qui dément d'une manière amusante sa *« noblesse »*, et joue à avoir *« l'air entre deux vins »*, ce qui met en cause sa respectabilité ! L'effet est accentué par la réaction de Rosine qui souligne la métamorphose du Comte en ne le reconnaissant pas !

Mais, si le rire semble en terrain fertile pour s'installer, reste le danger latent d'un Bartholo soupçonneux, qui peut tout démasquer au moindre faux pas. Le ton, pourtant, demeure dans le registre de la comédie avec la fausse ingénuité de Rosine qui dissimule sa curiosité sous des airs de raison et un ton didactique : *« Parlez-lui doucement, monsieur : un homme qui déraisonne... »*. Le rythme haché, la respectabilité feinte du *« monsieur »*, les (:) explicatifs et les (...) suggestifs accentuent bien l'attention drôle que la jeune fille porte au nouveau venu. L'enchaînement des répliques, sur le terme pivot de *« déraisonne »*, ajoute encore au rire puisqu'il s'instaure sur un quiproquo : Si le premier « *déraisonne* » vise le Comte-cavalier, le second désigne Bartholo.

De plus, la modification de l'antécédent est soulignée par le « *vous avez raison* » du Comte qui met en valeur le « *il* » qui suit comme dénominatif du Barbon. L'effet de surprise amusant s'ajoute encore à un effet de fantaisie répétitive : « *vous avez raison ; il déraisonne, lui ; mais nous sommes raisonnables nous !* » L'ivresse feinte du Comte peut expliquer le jeu sonore de la répétition et le jeu rythmique de parallélisme ternaire des deux premières assertions. Mais, si de manière légère, la phrase semble trébucher lexicalement et phonétiquement comme celle d'un homme ivre, sa construction, elle, bien élaborée, trahit l'enjeu dramatique d'un tel déguisement. En effet, le jeu des pronoms isole Bartholo dans la phrase centrale [*il... lui*] et regroupe en écho Rosine et le Comte dans un [*nous*] deux fois répété, et développé, explicité dans la phrase suivante : « *nous sommes raisonnables, nous ! moi poli et vous jolie...* » « *moi* » et « *vous* » constituant ce « *nous* » sans pourtant être dissociés puisque les adjectifs les qualifiant semblent au contraire s'appeler l'un l'autre par leur analogie sonore et syllabique : jolie/poli. L'union des deux êtres est bien sous-jacente dans cette paronomase mais, là encore, la fantaisie est sauvegardée par la pirouette « *enfin suffit* », qui, reprenant la cadence « *moi poli et vous jolie* », clôt la phrase sur un dernier [**i**] musical.

A la fantaisie rythmée des deux premières répliques, s'oppose alors l'assertion grave du Comte : « *la vérité, c'est que je ne veux avoir affaire qu'à vous dans la maison.* » Le sérieux prend le dessus avec l'antéposition du « *la vérité* », éclairé par la virgule qui le suit, impliquant une pause quelque peu solennelle. La phrase se déroule, lourde et longue, sans autre pause, tranchant nettement par son rythme et son ton avec les précédentes : c'est une phrase de « *drame* », elle annonce le succès de Lindor et la faillite du Barbon.

Au sein d'une même réplique, Beaumarchais juxtapose ainsi deux tons ; reste à savoir si la sincérité du Comte ne réside pas plus dans le marivaudage et le jeu ludique de la séduction première que dans la gravité de ses propos définitifs et engagés... Beaumarchais a su créer un langage qui refusait le poids des traditions, un langage engagé, qui se fait porteur d'idéologie voire de philosophie, mais qui sait aussi se mettre à distance, se dénoncer comme outil de théâtre capable d'associer habilement deux faces d'une même réalité, le drame et la comédie. Ce nouveau langage devrait alors s'élaborer dans une écriture nouvelle, une écriture qui va se chercher dans un travail d'épuration, de précision et d'économie.

C. Un langage qui s'épure

Certaines idées reçues voudraient faire croire à un Beaumarchais sans esthétique ni projet dramaturgique rigoureux, voudraient voir en lui un opportuniste de l'effet, un semi-improvisateur. La trame dramaturgique que nous venons d'étudier montre l'outrance de tels propos. Reste à prouver que si Beaumarchais a procédé par tâtonnements, c'est bien pour finir par concevoir un système dramatique original et cohérent. L'horloger Caron, artisan de l'écriture, n'aurait pas en cela contredit La Bruyère : « C'est un métier de faire un livre, comme de faire une pendule.»

Afin de comprendre comment s'est construit le langage dramatique de Beaumarchais, il nous a semblé essentiel de travailler sur ses manuscrits afin de saisir l'évolution de son écriture. Nous nous appuierons, au cours de ce chapitre sur l'ouvrage de J.B. Ratermanis **Le Mariage de Figaro** (46) et celui très complet de E.J. Arnould **La Genèse du Barbier de Séville** (47).

Parce que l'écriture du **Mariage de Figaro** semble plus claire dès le premier jet – le monologue de Figaro ne sera pas retouché depuis le manuscrit BN – nous nous sommes davantage penchés sur les quatre manuscrits du **Barbier de Séville**, quatre strates d'un texte qui nous ont permis de prendre conscience de certaines priorités de l'écriture de Beaumarchais : la concision, la précision, l'efficacité.

En effet, la comparaison des textes de 1773, 1774 et 1775 (version en 5 actes et édition finale en 4 actes) met bien en relief les choix de l'auteur, révélant ce qu'il affine ou ce qu'il souligne, ce qu'il supprime ou ce qu'il discipline. Nous dé-

---

(46) Studies on Voltaire and the XVIIIth century, vol. LXIII, Genève, 1968.
(47) Dublin et Paris, Minard, 1965.

couvrons les premiers « réflexes » d'écriture dans les éditions de 1773 et 1774, les maladresses et abus de la version en 5 actes et la perfection de l'édition finale. Il faut souligner la patience de cet auteur « chercheur » qui n'aura de cesse d'améliorer son texte dans le sens de la clarté, de la variété et de la simplicité, l'humilité de réécriture de celui qui, bien qu'auteur « *par amusement* », se voulait, « *très sérieusement* », « *ami de l'ordre et de la bonne règle* » (48). Enfin, travaillant sur la construction de l'écriture dramatique de Beaumarchais, il est évident que nous nous sommes intéressés de près aux trois « fragments » que propose Arnould, dont les brouillons du monologue du Comte Almaviva de la scène 1, Acte I.

VERS LA CONCISION ET LA SIMPLICITÉ

Le style du **Barbier de Séville** et du **Mariage de Figaro** passe pour être celui dynamique, de la vie, mais Beaumarchais nous met en garde contre son apparente simplicité : « *Telle réponse qui parait négligée a été substituée à une réponse plus travaillée qu'on y voyait d'abord. Mais qu'il est difficile d'être simple !* ».

La sobriété et le refus du lyrisme

A toute périphrase lourde, didactique et longue, Beaumarchais préfère le mot juste, précis et efficace. Ainsi : « *La lettre que votre excellence lui avait écrite en ma faveur.* » que Figaro prononce en 1773, devient dans l'édition « *La recommandation de votre excellence.* » La transformation ne trouble pas le sens, elle allège néanmoins d'une manière évidente le discours. Ce désir de supprimer les métaphores ou périphrases littéraires poussera parfois Beaumarchais à créer

---

(48) Lettre de 1781.

quelques néologismes curieux. Mais le plus connu « *la jolie petite Suzanne... à desuzanniser !* » (49) disparaîtra, justement parce qu'il se rendra compte que sa volonté de brièveté l'a mené à une formule trop « parade » (qui en oublie d'être « simple ») et parce qu'il considérera comme une facilité ce verbe qui devenait un résumé comique de l'enjeu de l'intrigue.

L'auteur aime un langage concis, certes, mais surtout sobre : les fioritures qui ne font pas avancer l'intrigue sont biffées. Sa tendance à la poésie et au lyrisme qui se déploie de manière symptomatique dans la version en 5 actes, se voit ainsi redressée dans l'édition où disparaissent ces glissements dans lesquels le pur plaisir verbal, la jouissance langagière n'apportent rien au personnage.

La description « botanique » qui se veut métaphore des positions du Comte et de Rosine : « *Tous nos vallons sont pleins de myrtes, chacun peut en cueillir aisément. Qui voudra s'y couronne. Un seul croît au loin sur le penchant du roc. Il me plaît, non qu'il soit beau : mais moins de gens l'atteignent.* » (50) disparaît dans l'édition en quatre actes, sans entraver la pièce ! De la même manière, l'auteur supprime les images lourdes et fortement annotées dans **Le Mariage de Figaro**. Dans la scène 7 du premier acte, Chérubin révèle son amour pour la Comtesse à Suzanne. La version manuscrite de la BN est révélatrice du désir d'épuration du dramaturge : Chérubin : « *Mais qu'elle est imposante ! aussi fière que le soleil elle ne souffre pas qu'on la regarde en face !* » La seconde phrase et sa comparaison symbolique est biffée et l'édition conserve l'unique « *Mais qu'elle est imposante !* ».

Plus loin dans la scène, on retrouve cette simplification quand Chérubin confie que « *depuis quelques jours (son) cœur est comme un ouragan, il palpite au seul aspect d'une femme...* »

---

(49) Le Mariage de Figaro, Acte I, scène 2.
(50) Le Barbier de Séville, Acte I, scène 1, 1775 (5 actes).

L'assimilation du cœur à un ouragan, commune et attendue, disparaît dans la version finale. Son « cœur palpite » alors dans une formule plus claire et moins lyrique.

Aux images et comparaisons charmantes, l'auteur préfère les phrases simples, claires, tendant vers le prosaïsme. Dans le même esprit, il prône la suggestion plus que l'explication, l'implicite plus que l'explicite, l'allusion plus que le dit.

La suggestion

Si les manuscrits BN et F du **Mariage de Figaro** (51) admettent un langage familier et explicatif *« ma tête s'amollit de surprise et mon front fertilisé semble déjà germer... »* dès le manuscrit CF la phrase préfère le suspens à l'informatif. Le verbe disparaît, *« et mon front fertilisé... »* laissant place à l'allusion dans un effet comique de sous-entendu des cornes de cocu.

La version définitive s'affine encore puisque Beaumarchais ajoute la didascalie (se frottant la tête) qui éclaircit l'allusion pour l'acteur et le spectateur. C'est le geste qui permet d'éviter la redondance lexicale et qui, ajouté au suggestif, donne à cette réplique sa vivacité et sa drôlerie. Cependant, lorsque Beaumarchais fait débuter sa seconde comédie par une mesure, un métrage *(« dix neuf pieds sur 26... »)* ce n'est plus le comique que sert la suggestion mais bien l'efficacité. En une phrase, il pose un Figaro propriétaire arrivé, évaluant les dimensions de son nouvel appartement pour y installer *« ce beau lit que monseigneur (lui) donne »*.

Il ne s'agit plus d'un barbier déambulant, vivotant de ses intrigues mais bien d'un valet que son maître estime, puisqu'il lui fait cadeau de cette chambre. Quelques mots bien pesés, quelques points de suspension et voilà la première pierre de

_____

(51) Cf. Ratermanis.

l'édifice, la première hypothèse posée, sans qu'on s'en soit aperçu. En effet, pas de scène « *d'exposition* » chez Beaumarchais : tout se dit sans se dire, tout se comprend sans s'expliquer. Encore une preuve, dans cette scène 1, acte I, logée dans les dernières répliques : Suzanne clôt la scène, dans le manuscrit BN, par ce « *quand cesseras-tu, importun, de m'en parler du matin jusqu'au soir ?* – (on sonne) *tu me retrouveras ici, dépêche...* »

Outre la lourdeur du « *dépêche* » apposé qui rompt la fluidité de la réplique, il semble bien que cette sonnerie et ce rendez-vous donné sentent par trop la cheville théâtrale et nous rappellent les sorties cornéliennes « *et de peur de me rendre il faut quitter la place* ». (52) De plus, l'impératif « *dépêche* » et sa connotation de soumission marque l'aspect « *serviteur* » de Figaro de manière un peu explicative. Beaumarchais allonge la scène, supprimant ces facilités pesantes, pour au contraire conclure cette entrevue sur une affirmation habile de l'amour de Figaro, poutre qui soutient l'édifice de la pièce. Figaro n'importunera plus Suzanne « *du matin jusqu'au soir* » quand il pourra le lui « *prouver du soir jusqu'au matin* ». La nuit de noce est l'enjeu de la pièce. Beaumarchais l'insère dans une déclaration d'amour si douce qu'elle trouble Suzanne et la fait fuir sans qu'il soit nécessaire de le dire.

Suggérer finement, c'est rendre simple ce qu'il serait long d'expliciter. Beaumarchais use fréquemment de ces points de suspension qui allègent le dialogue en le privant des explications inutiles ou attendues. Mais si l'ellipse reste clairement intelligible, c'est que l'auteur alterne le procédé avec un art de la formule limpide.

---

(52) « Je n'y puis résister quelque effort que je fasse et de peur de me rendre il faut quitter la place », **La Place royale**. Angélique (Acte III, scène 4).

L'art de la formule piquante

Au cours de ses réécritures, l'auteur affine son style : ce qui était trait d'esprit devient formule piquante, mot d'auteur qui résume en une phrase les aspirations confuses d'une époque (53). Ici on passe du dit, de l'énoncé (« *à l'école vétérinaire d'Alcala* ») au non dit, à la suggestion (« *dans les haras d'Andalousie* »), où le phénomène de recul élargissant accentue l'effet comique.

Ailleurs, la maxime se construit sur un jeu d'antithèse : si en 1773, on trouve une construction lourde : « *aux vertus qu'on exige dans un domestique, il y aurait des maîtres qui ne seraient pas dignes d'être valets.* » dans laquelle la récurrence du verbe « être » sonne mal, elle devient en 1775 : « *aux vertus qu'on exige chez un domestique, votre excellence connaît-elle beaucoup de maîtres qui fussent dignes d'être valets ?* »

L'antithèse maître/valet subsiste mais renforcée, par l'effet de contraste du « *votre excellence* », d'une ironie irrespectueuse et mordante, et surtout allégée par la forme interrogative dont l'insolence force le plaisant de l'assertion.

VERS UNE PRÉCISION RHÉTORIQUE ET ESTHÉTIQUE

Le langage dramatique de Beaumarchais évolue vers une précision lexicale, qui gomme la grossièreté au profit de l'élégance et de l'abstraction, qui transforme l'anodin en sensé et joue de la force de l'ironie. Mais ces transformations se doublent d'un souci esthétique de rythme et de sonorités.

---

(53) Le quotidien *Le Figaro* reprendra ainsi en 1958, ce qui est devenu une maxime : « sans la liberté de blâmer, il n'est pas d'éloge flatteur » pour s'opposer aux articles censurés.

La précision lexicale

L'expression de Beaumarchais passe du concret à l'abstrait, de la grossièreté à la correction. Si, au théâtre, le mot est revalorisé ; si, comme le dira Paul Claudel : « Les mots que j'emploie, ce sont les mots de tous les jours et ce ne sont pas les mêmes », cela implique un profond travail sur le vocabulaire. Aussi l'auteur évince-t-il les expressions populaires, issues des parades et saynètes légères, au profit d'une plus grande clarté. En 1773, Figaro contemplant sa prose s'exclamait : « *jusque là... ça va bien, mais il faut écorcher la queue et voilà le rude* » (54). En 1775, dans l'édition finale, il s'écriera : « *Jusque-là, ceci ne va pas mal...* » La correction n'enlève bien sûr rien au sens ; au contraire, il semble qu'elle permette à l'acteur d'élargir son champ d'interprétation en lui laissant le choix de son intonation. De plus, les points de suspension ouvrent sur le geste qui poursuit la réplique. De même, le récit de Figaro riche d'allusions grivoises : « *J'ai passé la nuit gaiement avec trois ou quatre buveurs de mes voisines* ». (55) présent en 1774, disparaît dans l'édition de 1775.

Cette soif de correction se confond encore avec une attirance pour l'abstraction, un refus du concret que l'on perçoit même dans le choix d'adjectifs a priori anodins : En 1773, Figaro annonce son désir de clore sa chanson (56) « *par quelque chose de brillant, de claquant...* » la juxtaposition des adjectifs nous incite alors à penser au « paraître », à l'aspect visuel, concret souhaité par Figaro. En 1775, la réplique devient « *quelque chose de beau, de brillant, de scintillant...* » et l'absolu que porte en lui le « *beau* » déteint sur le « *brillant* » qui devient « *être* », intelligence abstraite. Il semble bien que Beaumarchais peaufine chaque mot, le cherche dans la com-

---

(54) Le Barbier de Séville, manuscrit F.
(55) Le Barbier de Séville, Acte I, scène 2, manuscrit 1774 BN.
(56) Le Barbier de Séville, Acte I, scène 1, Manuscrit F et CF.

plémentarité avec ses voisins, dans une harmonie toute rhétorique.

Le mot anodin n'existe plus, chaque vocable devient signifiant. Cette précision s'exprime dans la transformation de termes indéfinis, qui n'apportent rien au discours, qui l'encombrent sans l'enrichir, en termes signifiants, dramatiquement porteurs : « *Venir chercher des dangers à Séville...* » (57) devient « *Venir chercher à Séville mille dangers* ». (58) Au « *des* », article qui glisse, qui ne signifie pas, Beaumarchais substitue ce « *mille* » riche et ouvert ; il en profite pour anté poser le complément de lieu ce qui le met en valeur. Les bouleversements lexicaux apparemment anodins renforcent de façon importante la psychologie du Comte chez lequel ce besoin d'amplification trahit un besoin de s'enivrer de son aventure qui tient de l'apparat.

Enfin, la précision lexicale peut aussi être mise au service d'une ironie comique. Ainsi la scène des deux femmes du **Mariage de Figaro** (59), scène classique de jalousie, échappe-t-elle à la platitude par l'introduction d'un vocabulaire d'une ironie hypocrite. A l'injure de Marceline qui la dénonce « *l'accordée secrète de Monseigneur* » Suzanne répondait ce « *qui vous méprise beaucoup, Madame.* » dans le manuscrit BN. Mais l'édition voit le verbe se transformer en un « *qui vous estime beaucoup, Madame.* » Outre la liaison chuintante qui accentue le côté persiflant en doublant le [s] d'estime, le choix ironique d'un verbe à connotation positive est très judicieux car il en appelle à la dérision bien plus subtile que le premier degré de l'injure du « *méprise* ». Sur le même ton, Marceline enregistre la finesse du sarcasme qui préfère au « *me fera-t-elle aussi l'honneur de me haïr un peu, Madame ?* » un « *me*

---

(57) Manuscrit CF.
(58) Édition finale.
(59) Suzanne/Marceline : Acte I, scène 5, Le Mariage de Figaro.

fera-t-elle aussi l'honneur de me <u>chérir</u> un peu, Madame ? »
moqueur.

Le langage dramatique de Beaumarchais, au cours des réécritures, s'affine, se précise, ajuste son sens, mais aussi son
rythme et ses sonorités.

Une précision esthétique, rythmique et sonore

Chez Beaumarchais, la précision lexicale a bien deux buts :
l'efficacité du dialogue et sa beauté. Cette volonté d'un texte
qui joue d'harmonie est frappante dans l'évolution du monologue d'Almaviva qui ouvre **Le Barbier de Séville.** Les
brouillons que nous en propose Arnould (60) montrent la double
aptitude de Beaumarchais à écrire plus juste et plus beau :
Quand l'auteur écrit dans un premier temps « *la difficulté qui
tend à aiguillonner...* » (61) il biffe et dans un second temps
préfère « *la difficulté qui sert d'aiguillon à tout.* » Ce qui res-
tait dans l'expectative « *tend à* » devient certitude « *sert à* » et
la phrase qui s'enlisait dans les nasales, se redresse dans une
suite de sons heurtés ; la précision lexicale se double finement
d'une amélioration rythmique. De la même manière dans ce
monologue, on suit le cheminement de la pensée de l'auteur
qui se construit dans les mots, grâce à eux :

> « *Doit-elle arrêter l'amour,*
> *ce qui n'arrête pas même un brigand...*
> *ce qui n'ébranle pas même...*
> *ce qui ne fait qu'affermir un brigand...* » (62)

L'évolution va vers une netteté de pensée, une prise de position. Où la première formulation est refusée pour sa répétition appauvrissante du « *arrête* », la seconde pourrait convenir.
Mais au flou du « *n'ébranle pas* », Beaumarchais substitue le

---

(60) In notes La genèse du Barbier de Séville.
(61) Le Barbier de Séville, brouillon Acte I, scène 1.
(62) Le Barbier de Séville, brouillon Acte I, scène 1.

« *ne fait qu'affermir* » qui marque clairement un désir de dire au plus juste. De plus, cette dernière étape avait l'avantage (63) d'être riche en allitérations et assonances : les [a], [e], [i], [r] se répondent en écho et s'appellent mutuellement.

Procédé que l'on retrouve fréquemment dans l'œuvre de Beaumarchais et, à titre d'exemple significatif, dans *Le Mariage de Figaro* (64) : la formule définissant le Comte « *libertin par ennui, jaloux par vanité* » était proposée d'abord sous une forme nettement moins frappante : « *libertin par ragoût, jaloux par vanité* » où l'auteur tentait un écho paronomique peu réussi. Non seulement la répétition « *ragoût, jaloux* » ne sonnait que pour appauvrir la maxime puisqu'elle soulignait le fait que les deux autres termes symétriques ne se répondaient pas, eux, *(« libertin, vanité »)* mais encore il paraît évident qu'aux sonorités laides du « *par ragoût* » – où la liaison avale le début du nom – il était préférable de mettre ce « *par ennui* » allégé de voyelles pétillantes dont le [i] fait écho au « *libertin* » et à sa « *vanité* ».

Ces précisions lexicales amènent bien à reconnaître chez Beaumarchais une grande habileté à styliser le dialogue. Refusant les répliques mineures, il agrémente tout échange. Son effort pour dégraisser la phrase de tout ce qui n'est pas nécessaire au sens, pour la faire sonner le plus justement possible, lui donne accès à une étonnante efficacité qui repose sur l'économie.

VERS UNE ÉCONOMIE EFFICACE ET VIVANTE

Parce qu'elle fait disparaître les données trop précises, parce qu'elle a su garder la quintessence de l'opéra comique et la muer en un dialogue enjoué et alerte, l'écriture de Beaumarchais est bien vivante et atemporelle.

---

(63) Car elle n'est pas conservée dans l'édition.
(64) Acte I, scène 4. Manuscrit BN et édition.

Une écriture atemporelle

Le texte de Beaumarchais semble bien ancré dans son époque. On y trouve de nombreuses allusions à son actualité. Pourtant, il est resté drôle et attirant pour nous, lecteur-spectateur du XXe siècle... sans doute parce que l'auteur a eu la volonté et la « chance » de pouvoir reprendre son travail plusieurs fois, l'enrichissant parfois de références à des événements contemporains et l'épurant ensuite dans une étape de réécriture. L'œuvre s'est « élargie », les interprétations ou potentialités d'interprétation se sont multipliées avec la disparition de données qui restreignaient l'imaginaire et la richesse dramatique.

Le langage s'est dirigé vers une grande ouverture dont la première phrase du **Barbier de Séville** et ses nombreux remaniements est révélatrice : *« Le jour est moins avancé que je ne croyais »* est venue remplacer *« il n'est pas neuf heures »* d'une précision très sèche, ne laissant aucune place à la fantaisie. De la même manière, un exemple nous paraît résumer cette dilatation de l'assertion qui refuse les repères trop précis : *« Pour tout mon sang versé de quel prix fut un vain laurier ? »* (65) se transforme en : *« Pour tout le sang versé dans une bataille, de quel prix peut-être un vain laurier ? »* (66)

Il y a bien choix du dramaturge d'ouvrir la phrase : il biffe le *« mon »*, article personnel ramenant la réplique à la vie du Comte Almaviva, et lui préfère un *« le »* qui « dépersonnalise ». L'effet est accentué par l'ajout *« dans une bataille »* qui se veut apposition descriptive mais qui reste cependant très vague et n'apporte aucune précision spatio-temporelle. Corroborant cette remarque, l'hésitation de l'auteur devant le temps verbal à employer est significative : au passé simple

---

(65) Manuscrit F.
(66) Manuscrit C.F.

« *fut* » qui suppose un référent donné dans un temps donné, il préfère le présent « *éternisant* » qu'il renforce d'une nuance dubitative « *peut-être* ».

En élargissant le champ de la phrase, Beaumarchais choisit bien d'écrire un théâtre ouvert et riche. Sans doute est-ce encore dans cette optique qu'il réduit volontairement les allusions intertextuelles dans la Trilogie. Si le spectateur connaît les autres pièces, à quoi lui sert l'allusion ? S'il ne les connaît pas, quelle frustration ! Beaumarchais allège donc amplement, dans **Le Mariage de Figaro**, les rappels du **Barbier de Séville** comme le souligne particulièrement la scène 3, Acte I dont l'évolution entre le manuscrit BN et l'édition est révélatrice. On trouve ainsi un long échange entre Figaro et Bartholo dans le manuscrit BN :

> Figaro : « *Moi qui eus le malheur de troubler la vôtre !*
> *[noce]* »
> Bartholo : « *et vous me le rappelez ingénument.* »
> Figaro : « *le motif a dû me justifier à vos yeux !* »
> Bartholo : « *pourrait-on l'apprendre de vous ?* »
> Figaro : « *ce fut pour mon intérêt que je le fis.* »
> Bartholo : « *que le ronge gratelle vous en paye !* »
> Figaro : « *on reconnaît un bon cœur à ses souhaits.* »
> Bartholo : « *avez-vous autre chose à nous dire.* »
> Figaro : « *on n'aura pas pris soin de votre mule !* »
> Bartholo : « *Ah, mon Dieu ! n'en ayez nul souci.* »
> Figaro : « *toujours cette bonne Castagnada ?* »
> Bartholo : « *bavard enragé ! laissez-nous...* »

Si la référence au mariage est gardée jusqu'au manuscrit CF, elle est, elle aussi, supprimée dans l'édition finale où l'on ne retrouve que quatre répliques : « *Moi qui eu le malheur...* » / « *Avez-vous autre chose...* » / « *On n'aura pas pris soin de votre mule.* » / « *Bavard enragé !..* ».

Habilement, Beaumarchais a su résumer l'essentiel en deux allusions : l'une évoque le mariage du Barbon avec Rosine, l'autre les manigances de Figaro qui, pour vider la maison, va jusqu'à bander les yeux de la mule. Mais, en biffant le reste du duel verbal, il donne le poids du non dit, dans les relations Figaro/Bartholo, et suggère un passé lourd, des amertumes sourdes et latentes. Le rapport aux comédies dans **La Mère coupable** est un peu différent dans la mesure où le drame a besoin du passé pour exister. Les allusions aux péripéties antérieures ne sont données que pour s'en détacher, rompre avec cette époque joyeuse. Ainsi, la parenthèse expliquant dans la scène 1, Acte I que le Comte veut désormais qu'on l'appelle *« Monsieur Almaviva (il faut bien lui sonner son nom, puisqu'il ne souffre plus qu'on l'appelle Monseigneur...) »*.

Les rappels du passé existent comme comparaison par rapport à un présent en cassure, le *« Monseigneur »* est ainsi nié par le présent qui crée un fossé apparemment irrémédiable. Beaumarchais, dès la scène d'exposition, coupe les liens entre Paris et l'Espagne. De cet espace brisé naît le drame. En supprimant les renvois intertextuels et les données trop précises, Beaumarchais se dirige vers une écriture atemporelle, qui se suffit à elle-même et ne demande pas de connaissance approfondie de son œuvre toute entière. Chaque pièce existe alors en elle-même, vivante et dynamique.

Une écriture vivante

Dans un souci d'économie et de vie, Beaumarchais fait disparaître les lourdeurs. Ce qui était rabâché dans l'opéra comique, devient clair et bref. Les tirades des premiers jets de l'auteur se transforment en dialogues pétillants.

Des chansonnettes délayées de l'opéra comique, il tire ainsi la quintessence :

« Veux-tu qu'une cruelle
réponde à ton ardeur
que l'époux et la belle
cessent d'être grandeurs,

accompagne ta flamme
de ce métal chéri,
il fait parler la femme
et taire le mari. »
devient dans la comédie : « *de l'or, mon dieu, c'est le nerf*
de l'intrigue ! »

Des répliques un peu pesantes, il allège la chute, les « *n'est-ce pas* » disparaissent, les conditionnels remplacent les interrogatives (« *dégoûterait-il un amant ?* » / « *dégoûterait un amant ?* ») ménageant ainsi une ambiguïté supplémentaire. Les appositions, paliers à la cadence des phrases, s'envolent. « *Vous travaillant, paix et aise, à l'accroissement de la mienne* » devient « *vous daignant concourir à l'accroissement...* » (67) et les « *donc* », incrédules, emphatiques ou coléreux s'estompent. Les uns sont enrichis (« *Qu'est-ce qu'il y a, donc ?* » remplacé par « *Qu'est-ce qu'il y a, bon dieu ?* » (68) où le juron est bien plus exaspéré, plus fort que la conjonction répandue), les autres tombent dans l'oubli, preuve qu'ils n'étaient en rien nécessaires : un « *pourquoi donc ?* » pléonastique devient un « *pourquoi ?* » évident.

Beaumarchais parvient ainsi à une étonnante efficacité grâce à un travail précis sur le mot. Il n'y a pas de vocable neutre. Tout doit signifier, au plus précis, au plus proche de la vie. Dans ce parti pris, son langage dramatique progresse de la tirade vers le dialogue. Aux tirades explicatives de la version du **Barbier de Séville** de 1773, il préfère les échanges stichomythiques plus dynamiques. L'Acte I se clôturait sur une tirade quelque peu démonstrative de Figaro dans les versions de 1773 et 1774 :

« *Moi, j'entre ici où, par la force de mon art je vais d'un seul coup de baguette endormir la vigilance, éveiller l'amour, fourvoyer l'intrigue et renverser tous les obs-*

---

(67) Manuscrit BN et édition (Le Mariage de Figaro, Acte I, scène 2).
(68) Le Mariage de Figaro, Acte I, scène 1.

tacles. Vous, Monseigneur, chez moi. L'habit de guerre et le billet de logement. Je vous rejoins dans peu, ma boutique est à quatre pas d'ici, peinte en bleu, trois palettes en l'air, l'œil dans la main, concilio manuque, Figaro. » L'édition de 1775 montre un réel désir d'alléger le texte puisque Figaro prononcera, certes, les mêmes données référentielles, mais celles-ci glisseront au fil d'un échange dialogué avec le Comte, beaucoup plus vivant :

Figaro : « *... je vous rejoins dans peu.* »
Le Comte : « *Figaro !* »
Figaro : « *Qu'est-ce que c'est ?* »
Le Comte : « *et la guitare ?* »
Figaro : « *j'oublie ma guitare, moi ! je suis donc fou !* »
Le Comte : « *et ta demeure, étourdi ?* »
Figaro : « *Ah ! réellement, je suis frappé ! – ma boutique à quatre pas d'ici...* » (69).

L'ajout de l'épisode de la guitare renforce bien l'épaisseur psychologique des personnages, trahissant l'émotion de Figaro et son enthousiasme. Le manuscrit de la version en cinq actes est ici intéressant dans la mesure où il montre l'exacerbation de ce désir de dialogue avec l'ajout d'une nouvelle donnée – le souhait de mariage du Comte – qui détend l'échange.

L'enchaînement syntaxique et la mise en dialogue d'un discours explicatif montrent bien la volonté de l'auteur de rédiger un phrasé qui « passe la rampe ».

Si la quête de fluidité existe bien à l'échelle de la tirade, elle n'en est pas moins présente à l'échelle de la réplique. Au cours des réécritures, Beaumarchais abonde dans le sens des « *greffes syntaxiques* » (70) qui donnent au dialogue un aspect ininterrompu qui l'érige en flux continuel. En 1773, on trouve :

---

(69) Le Barbier de Séville, Acte I, scène 6.
(70) Notion largement développée par Conesa dans **La Trilogie de Beaumarchais**.

Le Comte : « *ses moyens de plaire ?* »
Figaro : « *nuls.* »
qui devient finalement :
Le Comte : « *ainsi ses moyens de plaire sont...* »
Figaro : « *nuls* ».
La coupure que marquait l'interrogation disparaît, et l'effet de chute en est accentué. Beaumarchais aime créer ces phrases uniques, auxquelles participent plusieurs personnages, qui suppriment les pauses inter-répliques et confèrent au dialogue une légèreté, une vitalité et un dynamisme exceptionnels.

Le langage de Beaumarchais ne va pas cesser de se construire, de se chercher dans une plus grande fluidité et une plus grande abstraction, une plus grande précision et une plus grande économie. Guettant la concision, qu'elle passe par l'art des formules ou l'habileté des suggestions ; quêtant les sonorités et les rythmes jusqu'à créer une belle harmonie ; trouvant, enfin, la vie dans une capacité de dialogue qui allège le discours, Beaumarchais atteint l'efficacité dans un langage dramatique épuré, « économique », qui met en valeur l'humour comme l'ironie. Sur les bases des réécritures, s'est constitué un langage précis et unique, original.

CHAPITRE 2

UN LANGAGE PLURIEL MAIS SINGULIER

A. L'écriture du « naturel »
ou le ton de la vie

B. Des formes classiques
mais nouvelles

C. La « franche gaieté »

II – UN LANGAGE
PLURIEL MAIS SINGULIER

Dans la préface du **Mariage de Figaro**, Beaumarchais, défend son style contre ce que les censeurs nomment « négligence ». Parlant de ses personnages (« *chacun y parle son langage : eh ! que le Dieu du naturel les préserve d'en parler un autre* (1) »), il prône un dialogue « *vif* » en rupture avec les formes classiques. Mais l'apparente facilité langagière cache un vrai travail : l'art se dérobe sous l'évidence. Le mot est revalorisé. Toute l'énergie de l'écriture dramatique de Beaumarchais réside peut-être dans ce paradoxe d'un auteur qui cherche le « *simple et sans guirlande* » et qui dans ce but devient un « *chercheur* » et un « *oseur* ». Au delà du réel, le « naturel », le ton de la conversation gardent toutes les apparences de la spontanéité pour mieux dissimuler un travail méthodique d'écriture.

Le langage dramatique de Beaumarchais pourrait bien trouver sa spécificité dans sa capacité à recréer le style enjoué de la vie ; à adapter les formes classiques voire à y renoncer, parfois ; à retrouver, surtout, cette « *ancienne et folle gaieté* » atemporelle.

---

(1) Préface du Mariage de Figaro.

A. Le faux « naturel »
ou la stylisation du réel

Pour Beaumarchais, l'auteur doit tendre vers le vrai en refusant *« les pointes et les cocardes du comique »* et en favorisant *« le langage vif, pressé, coupé, tumultueux et vrai des passions »*. En retrouvant le patron syntaxique de la langue parlée, le langage dramatique s'affranchit des servitudes de la composition théâtrale qui vont contre la souplesse et l'audace. L'ambiguïté de l'écriture dramatique repose sur ce paradoxe d'une récitation qui se doit de paraître une improvisation. Le théâtre doit donc saisir le langage de la vie quotidienne et la tournure des idées familières et variées que l'on y rencontre, tenter de comprendre ce qui caractérise le parlé avant de le réinventer en l'écrivant (2). L'intérêt du langage dramatique tient bien à cette position de compromis entre l'écrit et le dit (3). Le *« naturel »* naît sans doute d'une habile stylisation de la parole courante ; il en conserve la vivacité, il joue de l'implicite et sait retrouver le dynamisme rythmique.

DANS L'INTRIGUE, LA VIVACITÉ DU NATUREL

Parce qu'au théâtre, le temps est compté ; parce que le public, s'il est ravi d'entendre les acteurs s'exprimer sur le mode de la vie, déteste les longueurs et lourdeurs du quotidien ; parce qu'enfin sur scène, il s'agit bien de re-présenter et non de pré-

---

(2) Marivaux l'exprime bien : « on écrit presque jamais comme on parle, la composition donne un autre tour à l'esprit. »
(3) Comme l'a bien démontré Larthomas dans **Le langage dramatique**.

senter la réalité, Beaumarchais a bien compris la nécessité de styliser le réel, tant au niveau des actions que des dialogues pour lui donner toute sa vivacité.

Sur le plan de l'intrigue, on en trouve un bon exemple dans le Procès du **Mariage de Figaro** (4) : Après l'énoncé d'un certain nombre d'affaires nécessaires à la vraisemblance de la scène – et à quelques pointes satiriques – arrive le jugement de Figaro. Le greffier donne, comme il se doit, lecture des noms et qualités des personnes – et Beaumarchais en profite pour lâcher la kyrielle joyeuse des prénoms de Marceline (5) –, qualifie la cause et introduit l'unique avocat Bartholo – ce qui donne lieu à une saillie contre les avocats ! La parole est alors donnée à Bartholo qui n'a que le temps de produire le titre sur lequel Marceline fonde ses prétentions et d'annoncer ses conclusions. A peine a-t-il commencé à plaider, qu'il est interrompu par le Comte, qui soulève une cause de nullité préalable : « ... *convient-on de la validité du titre ?* ».

Cet artifice de procédure, imité pourtant de la réalité, permet à Beaumarchais de styliser l'audience, de la rendre vivante sans cesser de respecter le réel.

Beaumarchais choisit parfois des raccourcis élégants – artifices propres à la comédie d'intrigue – qui animent le spectacle et y impulsent le rythme endiablé des péripéties qu'il affectionne. Si le désir de vivacité, la volonté de légèreté de l'auteur se lisent dans la façon dont il mène ses intrigues « *bien embrouillées, qui se croisent* », (6) ce n'est que la face apparente de ce qui caractérise plus profondément son écriture. Le langage dramatique de Beaumarchais s'allège en jouant de parallélismes et d'enchaînements habiles, de laconismes et d'el-

---

(4) Le Mariage de Figaro, Acte III, scène 15.
(5) « Barbe-Agar-Raab-Magdelaine-Nicole-Marceline de Verte-Allure, fille majeure ; contre Figaro », Acte III, scène 15.
(6) Le Mariage de Figaro, Acte II, scène 2.

lipses ou encore de formules lapidaires et récapitulatrices. Le rythme de la vie alors survient, qui est le fruit d'une belle prise de distance par rapport à la réalité.

Parallélismes et enchaînements rythmés

Le dialogue de théâtre s'éloigne de la simple conversation, chargée d'imperfections et de silences grâce aux jeux de parallélismes, effets de l'art. Ainsi, dans **Le Mariage de Figaro**, Suzanne révélant à Figaro les visées du Comte et le pourquoi de la dot :

Suzanne : « *que les gens d'esprit sont bêtes !* »
Figaro : « *on le dit.* »
Suzanne : « *mais c'est qu'on ne veut pas le croire.* »
Figaro : « *on a tort.* » (7)

La symétrie des propos de Figaro et la similitude rythmique des deux assertions donne un ton étonnamment enjoué. Le silence n'a pas ici sa place, les mots sont bien des armes qui s'entrechoquent. Plus loin, on retrouve ce procédé d'écho rythmique et de parallélisme (6/6) – souligné par l'auteur dans sa didascalie « *Suzanne le contrefait* » – :

Chérubin : « *Suzanne, il me renvoie* »
Suzanne : « *Chérubin, quelque sottise !* » (8)

et plus loin, le même jeu d'enchaînements rapides et étudiés sur les soufflets et les baisers :

Chérubin : « *(...) j'y joindrai mille baisers.* »
Suzanne : « *Mille soufflets si vous approchez.* »

ou encore sur les pronoms dénominatifs :

Chérubin : « *Suzanne, je suis a jamais privé du bonheur de te voir.* »
Suzanne : « *de me voir ! moi ? c'est mon tour !* »

---

(7) Le Mariage de Figaro, Acte I, scène 1.
(8) Le Mariage de Figaro, Acte I , scène 7.

Ailleurs, le parallèle se fait sur des répliques parodiques sur le mot, formant antithèse ou jeu de mots :

Chérubin : « *(...)son ruban de nuit ! donne le moi, mon cœur.* »

Suzanne : « *Eh, que non pas ! – son cœur ! comme il est familier donc ! (...)* »

ou

Suzanne : « *(...) on peut oser avec moi...* »

Chérubin : « *tu sais trop bien, méchante, que je n'ose pas oser (...)* »

ou

Chérubin : « *Fanchette est douce ; elle m'écoute au moins (...)* »

Suzanne : « *C'est bien dommage ; écoutez donc monsieur !* »

Tous ces jeux d'échos (9) ne sauraient évidemment se retrouver dans les imperfections d'une simple conversation. Le « naturel » du dialogue entre Suzanne et Chérubin, son ton badin et enjoué naît bien d'un art précis : nul réalisme au théâtre.

De la même manière, l'enchaînement des répliques, les jeux d'interruptions ou d'attaques participent à cet aspect « naturel » du dialogue. La scène qui ouvre **Le Mariage de Figaro** peut en cela être analysée plus attentivement parce que bien qu'elle « expose » la situation de départ de la pièce, elle reste, de façon exceptionnelle, une scène quotidienne. Beaumarchais y sollicite toutes les ressources de la langue dans une véritable « poétique » : les mots s'appellent les uns les autres et l'on retrouve ainsi successivement dans les bouches de Figaro et Suzanne « *tinté* », « *Crac* », « *en trois sauts* », « *en deux pas* ». L'échange se nourrit de questions ouvertes qui nécessitent des réponses – évitant les tirades explicatives habituelles dans les « scènes d'exposition ».

---

(9) Nous les étudierons plus profondément pour leur dimension musicale au chapitre III.

Figaro : « *Et qu'est-ce qu'il y a, bon dieu* ? »
Suzanne : « *il y a, mon ami, que...* »
ce qui tourne parfois à la joute verbale, sorte de sticho-
mythie en prose :
Suzanne : « *dans cette chambre* ? »
Figaro : « *il nous la cède.* »
Suzanne : « *et moi je n'en veux point.* »
Figaro : « *pourquoi* ? »
Suzanne : « *je n'en veux pas.* »
Figaro : « *mais encore* ? »
Comme dans la vie, le langage se charge d'interruptions
multiples, ces points de suspension de la suggestion qui, sans
entraver la progression de la scène, lui donnent son épaisseur
de non dit trahissant l'amour « *Oh que ce bouquet virginal (...)*
est doux, le matin des noces, à l'œil amoureux d'un époux... »
et ses écueils « *s'il y venait un petit bouton, des gens super-*
stitieux... » Ici, il s'agit de « réticences » à poursuivre, là, d'interruptions réelles, volontaires : « *et crac en trois sauts... /*
qu'entendez-vous par ces paroles ? » ou impromptues « *et mon*
front fertilisé... / ne le frotte donc pas, s'il y venait un petit
bouton (...) »
De plus, supprimant les temps morts ou les silences inutiles,
Beaumarchais vivifie encore son dialogue par des enchaînements syntaxiques (10) au sein d'une même proposition que le
partenaire complète, s'évitant ainsi le poids d'une répétition :
« *Le trouves-tu mieux ainsi* ? / *sans comparaison, ma char-*
mante... » au lieu de « *je le trouve sans comparaison* ». Cette
première scène du **Mariage de Figaro** contient bien en germe
nombre des ressorts de l'écriture de Beaumarchais, ellipses, parallélismes et suggestions que nous étudierons plus loin.

---

(10) Là encore, nous reviendrons sur leur rôle fondamental dans le langage dramatique de Beaumarchais, en particulier sur leur force rythmique
(Chapitre III) notre propos ici tend à dénoter la vitalité « naturel » du dialogue.

Beaumarchais renonce aux « attaques » ces éléments d'appui du discours qui pullulent chez Molière (car ils donnent un accès facile à un jeu d'intonations expressives, révélatrices de l'émotivité des personnages). Articulations, exclamations, jurons que l'on utilise trop souvent pour donner un aspect parlé à un texte trop écrit, se font rares. On retrouve ici les symptômes d'une écriture économique qui pourtant refuse les facilités. Ainsi dans **La Mère coupable**, Suzanne bouleversée par la nouvelle du divorce potentiel du Comte et de la Comtesse (11) ne laisse tout d'abord échapper « *vivement* » qu'un « *le Comte veut s'en séparer ?* » sans exclamation, sans trace lexicale d'émotion ; la réplique alors paraît purement référentielle, informatrice.

De la même manière, il faut souligner la sobriété du « *Je me retire* » (12) de Figaro répondant au désir de rester « *inconnu* » du Comte Almaviva ; là encore, pas de commentaire, pas de manifestation obligée par le texte (13).

La concentration de ces effets fait naître la vivacité du dialogue, imprime à l'échange ce rythme soutenu qui passe pour « naturel » sans pourtant n'avoir rien à voir avec celui beaucoup plus distendu d'une conversation. Le langage dramatique de Beaumarchais est stylisé à l'échelle des échanges de répliques dans la mesure où il déjoue les silences ; dans ce but, son choix du laconisme et des ellipses fréquentes accentue encore cet aspect du dialogue, flux ininterrompu, aux accents de vie stupéfiants parce qu'irréels et fabriqués. « Le naturel, le vrai, celui du théâtre, est la chose la moins naturelle du monde. N'allez pas croire qu'il suffit de retrouver le ton de la vie, d'abord dans la vie, le texte est toujours si mauvais. » (**La Répétition**, Anouilh).

---

(11) La Mère coupable, Acte I, scène 4.
(12) Le Barbier de Séville, Acte I, scène 2.
(13) Ce dénuement est une des caractéristiques du style de Beaumarchais qui lui confère une richesse d'interprétation scénique étonnante.

Le laconisme et l'ellipse

Un souci de concision, d'efficacité pousse le dramaturge à la stylisation du réel comme l'exprime bien Pierre Larthomas (14) : tout se passe « comme s'il s'agissait pour l'auteur dramatique de dire le plus de choses avec le moins de mots possibles, et d'accumuler les éléments susceptibles de provoquer chez le spectateur des réactions vives sans qu'il puisse jamais relâcher son attention.»

Bredouillis, hésitations ou chevauchements disparaissent à l'avantage d'un laconisme vivant, objectif et efficace : Pédrille ne se perd pas en discours superflus : face à l'ordre concis du Comte (15) « *en descendant, sachez si le page est arrivé* » il s'informe brièvement : « *dans l'hôtel ?* » Le Comte, sur le même ton, acquiesce, en ajoutant une information : « *oui, surtout depuis quel temps.* » Ce à quoi Pédrille donne sa simple adhésion : « *j'entends* ». Plus fréquemment, comme l'a analysé Conesa (16), c'est le procédé de l'ellipse qui va décharger le dialogue, lui conférer sa concision, son faux « naturel », sa vivacité.

A l'échelle de la phrase, « l'ellipse » est une des importantes caractéristiques du langage dramatique de Beaumarchais : ellipse d'un adjectif, ellipse d'un segment qui s'applique tant sur les énoncés brefs que sur les longs. L'économie d'adjectifs, au bénéfice de la suggestion, est un des tours de langue des plus répandus. On le trouve dans toutes les bouches, dans celle de Rosine dans **Le Barbier de Séville**, (17) : « *Je suis d'une curiosité...* » ou encore dans celle de Bartholo (18) : « *Votre tournure, votre âge, votre air...* » dans celle du Comte

(14) In **Le langage dramatique** (p. 282) Pierre Larthomas.
(15) Le Mariage de Figaro, Acte III, scène 3.
(16) In **La Trilogie de Beaumarchais**, Gabriel Conesa (PUF).
(17) Le Barbier de Séville, Acte II, scène 2.
(18) Le Barbier de Séville, Acte III, scène 2.

parlant du Barbon (19) : « *Que ce diable d'homme est dur à manier ! (...) et il a des yeux !...* » ou parlant de Rosine (20) : « *Madame l'exécute avec une intelligence...* » Dans **Le Mariage de Figaro**, de même l'ellipse d'adjectif est récurrente, chez le Comte s'adressant à Suzanne « *et ton petit cœur parait dans une agitation...* » (21) ou à sa femme : « *mais aussi, ce billet...* » (22) Chez Bazile parlant de Chérubin « *Quand il sert à table, on dit qu'il la regarde avec des yeux !...* » (23) ou chez la Comtesse « *laissons... laissons là ces folies...* » (24). Enfin dans **La Mère coupable**, le même procédé est exploité par Beaumarchais pour suggérer le désarroi du Comte face à la tromperie de Rosine : « *Ah ! Rosine ! où est le temps ?...* » (25) « *Ah ! mon cher ami, venez donc !... vous me voyez dans un accablement...* » (26) ou celui de Léon face aux froideurs de son père : « *il m'a traité avec une rigueur...* » (27) ou encore l'excitation de Figaro : « *Oh ! j'ai fait une découverte...* ».

Cette suppression régulière de l'adjectif régulièrement dans la Trilogie montre bien qu'il s'agit pour Beaumarchais d'un des moyens les plus discrets pour rendre au dialogue son naturel. Par ce procédé, l'énoncé qui n'a rien d'inachevé se suspend comme dans la vie et s'enrichit de potentialités prosodiques qui permettent au comédien divers effets d'intonation. Le phénomène est encore accentué lorsque l'auteur l'applique à des segments de phrase, supprimant verbes et propositions inutiles pour le sens du texte. On observe alors des ellipses de

---

(19) Le Barbier de Séville, Acte III, scène 3.
(20) Le Barbier de Séville, Acte III, scène 4.
(21) Le Mariage de Figaro, Acte I, scène 8.
(22) Le Mariage de Figaro, Acte II, scène 19.
(23) Le Mariage de Figaro, Acte I, scène 9.
(24) Le Mariage de Figaro, Acte II, scène 1.
(25) La Mère coupable, Acte II, scène 1.
(26) La Mère coupable, Acte II, scène 2.
(27) La Mère coupable, Acte II, scène 11.

propositions entières « *sûr de ne rencontrer personne... Ah Lindor ! si vous m'aviez trompez !... quel bruit entends-je ?* » (28) Le locuteur marque une réticence au cours de son propos, laisse une phrase inachevée pour en commencer une autre. Il se borne ainsi à livrer de manière laconique une information limitée que le contexte se charge d'éclairer. Ainsi Chérubin (29) : « *la fenêtre du jardin n'est peut-être pas bien haute... elle donne sur la melonnière ; Quitte à gâter. une couche ou deux...* » Suzanne : « *il va se tuer !* » Comme le note Conesa, le procédé accentue bien le contraste entre le discours pragmatique de Chérubin et celui émotif de Suzanne.

De manière générale, Beaumarchais s'efforce de « dégraisser » la phrase de ses scories inutiles à l'information ; les verbes disparaissent, sous entendus : « *Puisque je t'y rencontre, un mot avant le comité !* » (30) ou « *figure noble air doux, une voix si tendre...* » (31) Les propos d'un locuteur font l'économie des éléments contenus dans la réplique précédente :

Le Comte : « *tu dis que la crainte des galants lui fait fermer sa porte ?* »

Figaro : « *à tout le monde. (...)* » (32)

ou :

La Comtesse : « *vous consentiriez qu'elle s'y rendit ?* »

Figaro : « *point du tout...* » (33)

ou encore :

Suzanne : « *A qui mes habits ?* »

Figaro : « *Chérubin* » (34)

---

(28) Le Barbier de Séville, Acte IV, scène 2.
(29) Le Mariage de Figaro, Acte II, scène 14.
(30) La Mère coupable, Acte IV, scène 4.
(31) Le Barbier de Séville, Acte IV, scène 4.
(32) Le Barbier de Séville, Acte I, scène 4.
(33) Le Mariage de Figaro, Acte II, scène 2.
(34) Le Mariage de Figaro, Acte II, scène 2.

Ce procédé d'ellipse confère au dialogue un rythme soutenu, supprimant les répétitions au profit d'une concision efficace. Les variantes nous prouvent qu'il s'agit bien d'une volonté réfléchie de l'auteur puisqu'on trouvait dans certains manuscrits ces lourdeurs : « *Figaro va venir (me joindre)*. » (35) ou encore la Comtesse révélant la présence du page : « *Ce... jeune... Chérubin (que vous croyiez parti)*. » (36) Les explicatives sont biffées dans un souci de légèreté.

Le « naturel » des dialogues de Beaumarchais trouve bien ses racines dans ces procédés habiles d'ellipse ou d'enchaînement syntaxique qui font couler les phrases de l'une à l'autre. Mais la vitalité de la réalité pourrait bien encore s'exprimer grâce à un art des formules récapitulatrices.

Les formules récapitulatrices et lapidaires

Beaumarchais manie avec dextérité l'art des formules qui contribue – nous y reviendrons –, à la gaieté des pièces. Mais ici nous analysons ces temps forts du dialogue comme de brillants moyens de dire, allégrement, beaucoup, en peu de mots.

Ces formules peuvent avoir un effet « ponctuel », ne relançant pas le dialogue ni ne jouant le rôle d'enchaînement. Elles sont alors fortes de leur message, qu'il soit « philosophique » : « *Ah Lindor ! le plus affreux supplice n'est-il pas de haïr quand on sent qu'on est fait pour aimer ?* » (37) ou satirique : « *la naissance, la fortune ! laissons-là les jeux du hasard, (...)* » (38) ou « la mort ? Ah, docteur ! vous faites tant de choses pour elle, qu'elle n'a rien à vous refuser. » (39) Ailleurs,

---

(35) Le Mariage de Figaro, Acte V, scène 6.
(36) Le Mariage de Figaro, Acte II, scène 16.
(37) Rosine, Le Barbier de Séville, Acte IV, scène 6.
(38) Rosine, Le Mariage de Figaro, Acte IV, scène 6.
(39) Le Comte, Le Barbier de Séville, Acte II, scène 14.

c'est par leur efficacité qu'elles relancent le dialogue, en le faisant rebondir :

> Suzanne : « *Est-ce que les femmes de mon état ont des vapeurs, donc ? c'est un mal de condition qu'on ne prend que dans les boudoirs.* »
> Le Comte : « *Une fiancée bien éprise et qui perd son futur...* » (40)

Ici la formule piquante est très fine puisqu'elle est nécessaire à la progression du dialogue : elle suscite l'explication du Comte « *ça ne tardera pas à vous être utile* », tout en introduisant un effet satirique par sa charge socio-historique.

Le plus souvent, ces brèves formules sont justifiées par le goût de Beaumarchais pour les aphorismes et certaines souffrent bien de leur inutilité informative qui les oblige à être « appelées » ; soit de manière légère par une question :

> Bartholo : « *en ma place Bazile ne feriez-vous pas les derniers efforts pour la posséder ?* »
> Bazile : « *Ma foi, non, docteur. en toute espèce de bien, posséder est peu de chose, c'est jouir qui rend heureux.* » (41)

Soit de manière plus lourde par un élément d'ouverture-liant, « une soudure » (cf. Conesa) :

> Rosine : « *Vous me faites trembler, Monsieur Figaro.* »
> Figaro : « *Fi, donc, trembler ! Mauvais calcul, Madame ! quand on cède à la peur du mal, on ressent déjà le mal de la peur.* » (42)

Dans ce dernier exemple, l'insertion de l'aphorisme impersonnel rompt bien le dialogue personnalisé – souligné par l'apostrophe « Monsieur Figaro ». Pour souder les deux Beaumarchais a recours à l'aphorisme, principe d'attaque en

---

(40) Le Mariage de Figaro, Acte III, scène 5.
(41) Le Barbier de Séville, Acte IV, scène 1.
(42) Le Barbier de Séville, Acte II, scène 2.

relation avec la réplique précédente, reprenant dans une interjection le terme pivot « *trembler* » en le secondant de l'apostrophe un peu factice « *Madame* ». La réplique est bien amenée, l'auteur se fait plaisir, brillamment certes, mais se fait plaisir. Le fait qu'elle ne figurait pas dans la première version du **Barbier de Séville** corrobore encore le sentiment de son inutilité pour la progression du dialogue.

Ces formules qui condensent une morale sont bien caractéristiques du langage dramatique de Beaumarchais ; « effets séquentiels » (43), elles constituent une unité dramatique parfaitement homogène, parfois mobile, mais rarement nécessaire à la « progression référentielle du dialogue » ; c'est leur caractère ludique et efficace qui, de toute évidence, séduit Beaumarchais, lui permettant des saillies idéologiques plaisantes :

Le Comte : « *Fi donc tu as l'ivresse du peuple.* »
Figaro : « *C'est la bonne, c'est celle du plaisir.* »
qui sous-entendent, comme ici, un comique gestuel.

Assurément, le dialogue de Beaumarchais s'établit sur une démarche de stylisation du réel qui passe par des enchaînements de répliques coulées, des ellipses légères et des formules efficaces. L'aspect naturel de ce langage dramatique de Beaumarchais tient alors à cette concision, cette efficacité qui lui octroie un rythme alerte, une étonnante vivacité. La multiplication des accents toniques crée un éclat qui surpasse amplement celui de la conversation. Le « naturel » passe bien par un réel dépassement du réel, une poétique toute travaillée de stylisation aux deux sens du terme : la représentation simplifiée des formes de la vie **et** la volonté de donner un style à ces formes. L'apparent « naturel » du langage pourrait bien s'expliquer encore par son abondance de formes d'implicite qui étoffe le dialogue de sous-entendus riches, sans l'alourdir.

---

(43) Cf. Conesa.

L'IMPLICITE

Certaines lois de la pragmatique du discours théâtral – lois d'informativité et de pertinence – veulent qu'on ne parle pas pour ne rien dire ni hors de propos. De ce fait, les personnages n'ont aucune raison de répéter des informations qu'ils connaissent déjà par leur passé commun. Cependant, le public doit, lui, être mis au courant de ces données. Celles-ci lui sont alors transmises par le biais de présupposés et de sous-entendus. Beaumarchais utilise beaucoup le procédé de « l'implicite » qui lui permet d'éviter les scènes d'exposition classiques, mais surtout qui lui offre un moyen de créer complicités et connivences entre les personnages.

La « Loi de la balance »
et la disparition des scènes d'exposition

Au théâtre, un personnage n'existe vraiment qu'en tant qu'il parle en son nom, que s'il équilibre au sein de son discours le référentiel et le psychologique. L'habileté de Beaumarchais consiste à supprimer les scènes d'exposition classiques dans lesquelles les personnages sont les vecteurs anonymes d'une information. Il les remplace selon un savant dosage : sur scène la communication entre les personnages se doit d'être efficace ; l'hors-scène ne doit parvenir au public que par allusion et appel à la déduction. Ce que Larthomas appelle joliment « loi de la balance ». Là encore, la première scène du **Mariage de Figaro** est exemplaire : tout y est suggéré. Chaque phrase dépasse son contenu référentiel et s'entend implicitement : « *Oh que ce joli bouquet virginal élevé sur la tête d'une belle fille est doux le matin des noces à l'œil amoureux d'un époux !...* » sous-entend, compte tenu de la situation scénique d'énonciation à laquelle se réfère le déictique « *ce* », que celui qui parle s'adresse à sa fiancée ; que son exclamation et ses adjectifs axiologiques n'expriment pas une vérité générale malgré leur apparence, mais trahissent les propres sentiments du locuteur ; qu'il est donc lui-même le futur époux et qu'il est fort épris ; que le mariage doit avoir lieu le soir même *(« le matin des noces »)*, et que la jeune fille est une ingénue dont la virginité *(« ce joli bouquet virginal »)* fait tout le prix.

En une phrase de deux lignes, l'intrigue se révèle, et plus loin, en une phrase encore, l'obstacle se découvre dans un même jeu de sous-entendu : *« Quand il aura tinté de bon matin pour te donner quelque bonne et longue commission, Zeste en deux pas il est à ma porte et crac en trois sauts... »* laisse comprendre à Figaro que le Comte pourrait bien lui donner cette *« chambre » « au milieu des deux appartements »* parce qu'elle serait en effet *« commode »* ; tant pour le valet que pour le maître ; que celui-ci le verrai d'un bon œil partir pour une *« longue commission »* ; qu'il menace la vertu de sa future épouse et qu'enfin une explication va devoir être donnée par la jeune fille. Pour finir, toute la discussion sur la chambre que *« Monseigneur nous donne »* présuppose que ceux qui parlent sont domestiques dans le château.

Cette scène d'ouverture situe bien toute l'intrigue sur laquelle reposera la pièce. Beaumarchais joue en virtuose de toutes les possibilités de l'implicite pour conserver à son exposition une allure naturelle et pour donner à ses scènes un tour piquant. En contrepoint, les scènes qui entament **La Mère Coupable** semblent bien malhabiles : elles tombent dans les lourdeurs classiques. Il n'est, en effet, pas très adroit de commencer le drame par un monologue très explicatif *« c'est aujourd'hui la fête de son fils Léon et d'un autre homme qui n'est plus ! »* même s'il joue d'interruptions et d'ellipses *« pauvre maîtresse ! elle pleurait !... »*, la plupart du temps formelles.

De plus, comme si ce monologue ne suffisait pas, vient la scène 2 et son déluge de répliques à caractère purement informatif sans aucune vraisemblance dramatique. Exemple significatif : la psychologie des personnages se voit énoncée par Figaro qui nous en fait l'inventaire sous prétexte (!) de se « *recorder sur les principes* » avec Suzanne – notons le recours à l'appui du discours « tu sais » qui prouve l'embarras de l'auteur qui se sent édicter des vérités connues des deux protagonistes de la scène ! : « *Depuis que nous sommes à Paris (et) que M. Almaviva (...) a perdu, pour une querelle de jeu son libertin fils aîné, tu sais comme tout a changé pour nous !* » « *Comme l'humeur du Comte est devenue sombre et terrible ! / (...) / Comme son autre fils paraît lui devenir odieux ! / (...) / Comme Madame est malheureuse ! / (...) / Comme il redouble de tendresse pour sa pupille Florestine !* ».

Là où Beaumarchais s'ingénue dans ses comédies à faire naître l'épaisseur de ses personnages au fur et à mesure de la pièce, en finesse, nous nous trouvons dans **La Mère coupable** devant un tableau récapitulatif caricatural ! Le seul a n'être pas cité est Bégearss mais son compte était réglé dès le début de la scène, grâce au surnom sans ambiguïté que lui attribue Figaro « (appuyant) : – Honoré Tartuffe Bégearss ». Beaumarchais conscient de cette maladresse croit la récupérer par sa dénonciation claire : « *Sais-tu mon pauvre Figaro !... que tu commences à radoter ? Si je sais tout cela, qu'est-il besoin de me le dire ?* »

Il faut toutefois rappeler que le but de La Mère Coupable n'est plus de faire goûter au public le plaisir des mots, mais de lui donner à voir des sentiments forts et troublés. Dans ce cas, l'efficacité qu'il a toujours défendue – celle qui fait naître le rire dans ses comédies – justifie cette scène d'exposition, où il semble renier son goût de l'implicite et de la suggestion si habilement déployé dans **Le Mariage de Figaro** et dans **Le Barbier de Séville**.

L'implicite sert l'exposition des faits en début de comédie, mais c'est aussi un procédé que Beaumarchais utilise tout au long de ses pièces pour informer le spectateur d'un passé commun des locuteurs ou encore des « on-dit » sur un des personnages. La scène 4 du 1ᵉʳ Acte du **Mariage de Figaro**, entre Marceline et le docteur, l'utilise bien : certaines répliques *« ce drôle est toujours le même » « toujours amère et provocante »* ou *« éternel docteur »* sous entendent, par le jeu des adverbes et adjectifs temporels, que les acteurs ont un passé commun et se connaissent fort bien. Le fait qu'il nomme Bazile *« Bazile est au château »* sans présentation de sa personne présuppose qu'il est connu des deux ; enfin, la référence à *« notre petit Emmanuel »* resserre les liens présupposés entre Marceline et Bartholo (unis dans un pronom personnel), établissant l'existence d'un enfant, dont on ignore l'actuelle situation mais qui, abandonné jadis, doit être toujours en vie, et peut donc réapparaître. Sous-entendus et allusions allègent le discours et donnent au spectateur à imaginer un passé aux personnages et à extrapoler sur le futur.

Ailleurs, ces jeux de demi-mot sont mis au service de la « calomnie » dirait Bazile. Ainsi, dans cette même scène (44), on devine le peu d'affection que porte Marceline à Suzanne à travers quelques insinuations médisantes : *« ... qu'il comble en faveur de cette union »* suppose, en effet, que Suzanne fait commerce de ses charmes ! Néanmoins le commérage se poursuit en informant le spectateur sans qu'il s'en rende compte : *« (L'union) que son excellence a rendu nécessaire ? »* sous entend que Suzanne pourrait être enceinte du Comte, ce qui la présuppose libertine ou capable de passer pour telle. Le *« Pas tout à fait »* de Marceline ne nie pas la quasi-justesse du précédent sous-entendu mais l'enrichit d'un nouveau : *« son excellence voudrait égayer en secret l'événement ».* Le Comte semblerait prêt à user de son droit de cuissage sur la camériste... L'implicite sert le caractère référentiel du dialogue. A d'autres moments, la virtuosité dans le maniement du procédé sert la connivence entre les personnages.

---

(44) Le Mariage de Figaro, Acte I, scène 4.

La complicité du non-dit

De la vie, Beaumarchais reprend la force des sous-entendus comme lien entre les êtres, comme métalangage accessible à eux seuls. Mais habilement, le dramaturge les rend intelligibles pour le public qui entre dans la confidence au même rythme que les acteurs.

Suzanne saura en virtuose utiliser le procédé pour laisser deviner au Comte ses intentions, du moins celles qu'elle désire lui voir croire. Ainsi, la scène 9 du 3ᵉ Acte est révélatrice et symptomatique ; le « naturel » y naît bien du rythme certes, mais surtout du jeu de sous-entendus. Dès l'énonciation du prétexte de sa venue *« c'est que ma maîtresse a ses vapeurs »*, Suzanne semble laisser entendre, sans s'en douter que sa maîtresse est délaissée tandis qu'elle-même ne l'est point. Rien ne pouvait mieux ramener les pensées du Comte vers sa *« fantaisie »*, ni mieux irriter en secret sa jalousie. A la pointe qu'il lui décoche *« il ne tardera pas à vous être utile »* la jeune femme sent qu'elle a touché au vif, elle peut alors joyeusement prétendre qu'elle ne saurait en avoir besoin *« est-ce que les femmes de mon état ont des vapeurs, donc ? »* insinuant, bien volontairement, que pour elle tout est au mieux.

A la menace du Comte, Suzanne feignant l'innocence mentionne la *« dot »* promise. Cela lui permet, outre d'informer le spectateur de l'existence de cette dot, de laisser entendre à son maître les conditions de son octroi.

Beaumarchais souligne alors la trame de sous-entendu de cette scène par un jeu de mot ambigu sur le verbe *« entendre »* : Suzanne l'emploie au sens de *« comprendre »* : *« Monseigneur, j'avais cru l'entendre »* le Comte le reprend dans celui d'« *obéir* » : *« oui, si vous consentiez à m'entendre vous-même. »* Par ce double sens, Beaumarchais donne à comprendre que les mots peuvent revêtir plusieurs significations, et moult suggestions. Suzanne acquiesçant au sens apparent des propos du Comte *« et n'est ce pas mon devoir d'écouter son Excellence ? »*

suggère qu'elle acquiesce également au sous-entendu. « *Baissant les yeux* » elle manifeste théâtralement que le sens de son propos, comme celui de la situation est l'inverse de ce qu'il paraît. A partir de cet instant dans un habile paradoxe, Suzanne ayant rappelé sa condition de servante et ses devoirs d'obéissance, l'égalité peut s'installer, manifestée par le tutoiement. Suzanne reprend alors son aplomb, se sert de faits patents : « *Est-ce que je ne m'y promène (sur la brune au jardin) pas tous les soirs ?* » pour suggérer une interprétation compatible avec ce qu'elle vient de faire entendre, et joue encore de l'ambiguïté informative « *Dame, je lui dis tout (à Figaro)... hors ce qu'il faut lui taire.* » Sans qu'aucun mensonge n'ait été édicté, sans que rien n'ait été dit explicitement, le Comte sort sûr de sa victoire : « *Elle est à moi* ».

Suzanne – et Beaumarchais – ont manié l'implicite en virtuoses, laissant planer sous les mots nombre d'interprétations possibles, de significations virtuelles. La connivence trouve là un terrain riche où s'ancrer, les « mystères » deviennent lien entre les individus. Quoi de plus « naturel » ? Là encore, le réel est stylisé par Beaumarchais qui prend appui sur la réalité pour travailler son langage dramatique. En maniant l'implicite, Beaumarchais donne bien à son langage dramatique la légèreté du réel. Il supprime les traditionnelles scènes d'exposition, mais réussit surtout à suggérer les sentiments plutôt qu'à les exprimer. Parce que le secret est un des éléments constitutifs des relations humaines, Beaumarchais se sert de ce goût des sociolectes, le stylise, conserve la puissance d'imagination qu'il engendre. L'implicite contribue à la vivacité du langage, qui s'accroît encore grâce aux effets rythmiques.

LE DYNAMISME RYTHMIQUE DANS L'ÉCRITURE

Le discours chez Beaumarchais trouve son unité dans des répliques courtes, des échanges rapides, un rapport étroit entre énoncé et action, gestes et mots. Les tirades, qui engourdissent le dialogue, sont rares ou transformées en morceaux de bravoures. Les échanges, faussement réalistes, paraissent naturels malgré le (ou grâce au ?) jeu des tournures elliptiques et des sous-entendus riches ; mais aussi parce que le dialogue est serré, rythmé : Beaumarchais joue des accumulations, des rythmes ternaires, des antithèses balancées ou encore des juxtapositions allégées. Ces mouvements internes des phrases accroissent leur expressivité et leur confèrent une plus grande vertu théâtrale tout en sauvegardant la vitalité du réel.

Accumulation et rythme ternaire

Nous verrons plus tard combien l'accumulation, caractéristique de l'écriture de Beaumarchais, joue un rôle primordial dans la création du climat de « gaieté » propre aux comédies. Ici, nous nous contenterons de noter, l'importance des accumulations pour l'impression de vie qu'elles confèrent au texte ; de souligner, aussi, comment par ce procédé, Beaumarchais stylise encore le réel, avec l'art des caricatures, pour en extraire les fibres, les lignes fondamentales. La Trilogie est semée d'abondantes accumulations, de substantifs : « *tous les insectes, les moustiques, les cousins, les critiques, les maringouins, les envieux, les feuillistes, les libraires, les censeurs et tout ce qui s'attache à la peau des malheureux gens de lettres...* » (45) d'adjectifs : « *Un jeune homme assez libertin, joueur, prodigue et querelleur, sans frein, sans mœurs, sans caractère et n'ayant rien à lui...* » (46) de verbes : « *elle s'élance, étend son vol, tourbillonne, enveloppe, arrache, entraîne, éclate, tonne...* » (47) de propositions : « *D'abord avancer*

---

(45) Le Barbier de Séville : Figaro, Acte I, scène 2.
(46) La Mère coupable : Figaro, Acte II, scène 22.
(47) Le Barbier de Séville : Bazile, Acte II, scène 8.

l'heure de notre petite fête, pour épouser plus sûrement ; écar-
ter Marceline qui de vous est friande en diable ; empocher l'or
et les présents ; donner le change aux petites passions de
Monsieur le Comte, étriller rondement Monsieur Bazile et... »
(48) ou « *Monsieur ne parle de vous qu'avec enthousiasme,*
ma maîtresse vous porte aux nues, son fils n'a d'espoir qu'en
vous seul, notre pupille vous révère !... » (49)

Conesa analyse remarquablement bien la manière dont
Beaumarchais sait varier les emplois de ce procédé et surtout
encadrer ses accumulations par des éléments d'ouverture et de
clôture qui, soulignant l'unité sémantique de ces « proliféra-
tions », contribueront à favoriser la compréhension de l'énoncé.
« L'encadrement met de l'ordre au désordre interne de sorte
que l'énoncé jouit à la fois du dynamisme propre à l'accumulation, et de la clarté due à l'encadrement » (50). Le procédé
d'accumulation est sans doute une des spécificités de l'écriture de Beaumarchais, une de ses innovations aussi. Où Molière
visait l'effet comique, Beaumarchais utilise l'accumulation
pour sa valeur dynamisante et efficace ; raison pour laquelle
il la fait alterner avec des rythmes ternaires rhétoriques.

Récurrent sous la plume de Beaumarchais, le rythme ternaire est exploité de toutes les manières possibles (51) : on
trouve ainsi fréquemment des juxtapositions simples de trois
adjectifs : « *Soyez soumis, honnête et brave* » (52) de trois
verbes : « *Recevoir, prendre et demander...* » (53) de trois propositions : « *Dans l'harmonie de bon ordre, un mariage in-*
égal, un jugement unique, un passe droit évident, sont... » (54).

---

(48) Le Mariage de Figaro : Figaro, Acte I, scène 2.
(49) La Mère coupable, Acte IV, scène 5.
(50) Gabriel Conesa, **La Trilogie de Beaumarchais**, (p. 32).
(51) Nous reprendrons pour cette étude les exemples judicieux de Conesa.
(52) Le Mariage de Figaro, Acte I, scène 10.
(53) Le Mariage de Figaro, Acte II, scène 2.
(54) Le Barbier de Séville, Acte II, scène 8.

Mais Beaumarchais améliore le procédé tantôt en ménageant un allongement progressif des segments : « *Tu seras mon ange, mon libérateur, mon dieu tutélaire* » (55) tantôt en se servant du troisième terme pour créer un effet de chute et le mettre en valeur : « *ambitieux par vanité, laborieux par nécessité, mais paresseux avec délice !* » (56) tantôt en enchâssant les structures ternaires dans un autre schéma ternaire : « *sois indulgent pour elles, heureux pour toi, mon fils ; gai, libre, et bon pour tout le monde* » (57) tantôt d'une grande rigueur formelle, tantôt associant des éléments disparates (ces négligences seront plus fréquentes dans **La Mère coupable**, où Beaumarchais soigne moins la netteté des reprises et la régularité formelle des éléments).

En maniant accumulations (et non énumérations) et rythme ternaire, Beaumarchais parvient à donner à son langage dramatique un souffle original et dynamique ; peut-être aussi une musicalité étonnante (cf. Chapitre III). Ces effets de « prolifération ordonnée » font contrepoids à des rythmes binaires rigoureux et bien balancés.

Le rythme binaire et l'antithèse

Le langage dramatique stylise le langage quotidien : très proche de lui parfois puisqu'il emploie par nature les mêmes éléments et tire parti des mêmes accidents, il possède, dans son efficacité binaire, des qualités dont la simple conversation serait évidemment dépourvue. Par l'abondance du procédé binaire le plus souvent riche d'antithèses, Beaumarchais tente une fois de plus de retrouver, dans l'écriture et son artifice, le ton de la vie ; où l'homme bute sur les mots, l'acteur va chercher au plus juste, dédoublant ses chances dans une respira-

---

(55) Le Barbier de Séville, Acte I, scène 4.
(56) Le Mariage de Figaro, Acte V, scène 3.
(57) Le Mariage de Figaro, Acte III, scène 16.

tion binaire, qui tentera d'enrichir la première proposition. Sans nier l'intention esthétique de l'auteur, qui joue de contrastes ou de parallélismes, nous montrerons que ce souci formel sert le « naturel » par son dynamisme et son équilibre.

La simplicité de la structure binaire permet de multiples potentialités des effets. Beaumarchais a sans aucun doute conscience de la force de ce procédé qu'il développe essentiellement dans le sens des antithèses, qui comme le fait remarquer Figaro, donne « *l'air d'une pensée* » :

« *Il me faut une opposition, une antithèse :*

Si, l'une... est ma maîtresse

L'autre...

et parbleu, j'y suis...

L'autre est mon serviteur » (58)

entre deux verbes : « *je lui dis tout... hors ce qu'il faut lui taire !* » (59) ou entre deux noms : « *petits mensonges ont produit de grosses vérités.* » (60) Plus couramment, Beaumarchais affine le procédé en le faisant porter sur des groupes de mots qui s'opposent, occasionnant des effets d'identité formelle des plus brillants : « *l'amour des lettres est incompatible avec l'esprit des affaires* » ou encore : « *l'utile revenu du rasoir est préférable aux vains honneurs de la plume.* » (61) La balance est ici remarquablement équilibrée, qui fait se correspondre les trois termes de chaque proposition avec les trois termes de l'autre, « *l'utilité* » s'opposant au « *vain* », le « *revenu* » matériel à « *l'honneur* » désintéressé, et l'art du « *rasoir* » à celui de la « *plume* ».

On est à mille lieues des lourdeurs de **La Mère coupable**, dans laquelle le rythme, artificiellement construit, perd tout son dynamisme : Bégearss en subit les conséquences qui tente

---

(58) Le Barbier de Séville, Acte I, scène 1.
(59) Le Mariage de Figaro, Acte III, scène 9.
(60) Le Mariage de Figaro, Acte IV, scène 1.
(61) Le Barbier de Séville, Acte I, scène 2.

de définir la politique : « *Ah ! c'est l'art de créer les faits, de dominer, en se jouant, les événements et les hommes ; l'intérêt est son but, l'intrigue est (!) son moyen...* » (62). Tout y est maladroit, le « *Ah !* » appui inutile du discours ne suffit pas à alléger la longue phrase qui suit, dans laquelle le procédé binaire reste bancal à tout niveau. L'enchâssement de la structure est coupé en son milieu, par une proposition lourde. Quant à la seconde partie de la phrase, la symétrie formelle et la répétition du verbe être, en aucun cas nécessaires, « *l'intérêt est son but, l'intrigue est son moyen* », ne permettent pas de reconnaître la finesse du dramaturge des comédies !

Si le binaire est souvent porteur d'antithèses, il reste également, dans sa simplicité, un des ressorts du dynamisme du langage. Il permet des parallélismes : « *si Madame est incommodée, elle sonnera de son côté... ; Monseigneur veut-il quelque chose, il n'a qu'à tinter du sien (...)* » (63) dont la force réside dans le jeu rythmique qui les sous-tend (8/8/8/7) et les échos sonores qui sonnent comme des rimes. Il génère des belles isocholies « *galopera-t-il celle-ci ? surveillera-t-il celle-là* » (64) des allitérations vivifiantes : « *te voilà si gros et si gras...* » (65) des assonances piquantes : « *loué par ceux-ci, blâmé par ceux-là* » (66) allant parfois jusqu'à la paronomase : « *il vaut mieux qu'elle pleure (...) que moi je ne meure (...)* » (67). Beaumarchais fait du procédé binaire un procédé bref, instantané, une respiration essaimée dans son texte, qui s'ajoute aux accumulations et se poursuit dans une recherche de juxtaposition des assertions, pour donner une joie alerte au dialogue.

---

(62) La Mère coupable, Acte IV, scène 4.
(63) Le Mariage de Figaro, Acte I, scène 1.
(64) Le Mariage de Figaro, Acte II, scène 2.
(65) Le Barbier de Séville, Acte I, scène 2.
(66) Le Barbier de Séville, Acte I, scène 2.
(67) Le Barbier de Séville.

La juxtaposition

A l'intérieur même des répliques, Beaumarchais fait l'économie des articulations syntaxiques susceptibles d'alourdir son discours. Ce procédé fréquent dans **Le Mariage de Figaro** : *« En me cédant ta place au jardin, tu n'y vas pas, mon cœur ; tu tiens parole à ton mari, tu m'aides à ramener le mien.* » (68) dans la bouche de la Comtesse ou celle de Figaro *« D'abord avancer l'heure de votre petite fête, (...) écarter une Marceline qui de vous est friande en diable ; empocher l'or et les présents ; donner le change aux petites passions de Monsieur le Comte ; étriller rondement Monsieur Bazile, et...* » (69) où la parataxe systématique sert l'information en calquant le rythme de la phrase sur celui que doit prendre l'action – était déjà présent dans **Le Barbier de Séville** : *« je vais d'un seul coup de baguette, endormir la vigilance, éveiller l'amour, égarer la jalousie, fourvoyer l'intrigue et renverser tous les obstacles.* » (70) et subsiste encore dans **La Mère coupable** : *« il est venu me chercher querelle ; il m'a dit cent horreurs de vous ; il me défendait de vous parler.* » (71) Point de *« non seulement, mais encore »*, pas de *« puis »*, de *« ensuite »*, de *« de plus »*... Le rythme haletant est employé lorsqu'il est bien justifié par la situation, traduisant le « langage vif, pressé, <u>coupé</u>, tumultueux et vrai des passions » ou celui déterminé, actif et accéléré de l'action.

A l'échelle de la scène, le principe est identique. Parce qu'une des caractéristiques du style parlé tient à son air d'improvisation, Beaumarchais reproduit, par le procédé de juxtaposition, ces accidents de la pensée, ces digressions a priori superflues. L'exemple le plus net se situe dans la conversa-

---

(68) Le Mariage de Figaro, Acte IV, scène 3.
(69) Le Mariage de Figaro, Acte I, scène 2.
(70) Le Barbier de Séville, Acte I, scène 6.
(71) La Mère coupable, Acte I, scène 4.

tion entre le Comte et Figaro du **Mariage de Figaro** (72).
L'absence de tension dramatique profonde de la scène, permet une écriture par mouvements de dialogue accolés les uns
aux autres : après un court préambule relatif au saut de Figaro
sur les giroflées, qui s'inscrit dans la continuité logique de
l'action, vient la tirade de « Goddam », puis l'échange à propos de la réputation de Figaro. Suivent un troisième mouvement sur la politique et un dernier sur le procès. Le jeu habile
d'aparté nous permet de passer d'un mouvement à l'autre sans
souffrir de cette juxtaposition étonnante. Beaumarchais exploite verbalement une situation de parole particulière. Le
style se calque sur les sentiments des personnages : la discussion ne pouvait avoir lieu puisque chaque interlocuteur
cherche à « pomper » l'autre, à le décrier sans se trahir luimême.

Parce que Beaumarchais aime la souplesse du dialogue
naturel, il prône les phrases courtes et « fait passer » les longues
en leur imprimant un mouvement interne, un rythme dynamique qu'il soit ternaire ou binaire, qu'il naisse d'accumulations ou de juxtapositions. Il obtient alors un langage dynamique
au tempo particulier et soigné.

Beaumarchais a su dans son langage dramatique reproduire le « naturel » de la conversation, stylisant ses silences
par un jeu d'ellipses ; sa richesse référentielle par un art de la
formule ; sa charge émotionnelle par la force de l'implicite ;
ou encore son dynamisme par les procédés rythmiques.
Concentrant les effets, il s'éloigne, par son écriture concise et
précise (73), du style de la vie ; pourtant, c'est alors qu'il parvient à retrouver le « naturel », à donner l'impression aux spectateurs d'un dialogue « vif et pressé » aux confins du réel.

---

(72) Le Mariage de Figaro, Acte III, scène 4.
(73) Préface du Barbier de Séville : « le poète se tue à serrer l'événement! ».

Tirades et monologues sont alors mis en relief dans leur théâtralité... Beaumarchais, dans un souci de renouvellement des
formes du théâtre (74) – et de mise à distance des règles classiques –, choisit en conséquence de les assumer comme espace de liberté à son plaisir d'écrire.

---

(74) Préface du Mariage de Figaro : « J'entreprends de frayer un nouveau sentier à cet art dont la loi première, et peut-être la seule, est d'amuser en instruisant (...) ».

B. Des formes classiques mais nouvelles

Parce qu'il désire rompre avec les règles classiques, Beaumarchais s'applique à être cet « *homme courageux* » qui secoue « *toute cette poussière* » (75). C'est dans cet esprit qu'il va donner de nouvelles missions aux répliques théâtrales exemplaires que sont les apartés, les tirades et les monologues. Les uns vont structurer le dialogue, les autres vont être les catalyseurs d'une idéologie et d'un plaisir verbal et les troisièmes vont s'enrichir d'un véritable poids psychologique.

L'APARTÉ

Le procédé de l'aparté est fréquent dans le langage dramatique de Beaumarchais mais très court. Il constitue une rupture légère du dialogue, proche de la suspension. S'il sert à peindre la psychologie du personnage qui l'emploie, il joue surtout un rôle fondamental dans la compréhension de certaines scènes dans lesquelles les intentions comiques et tragiques s'entremêlent. Enfin, nous verrons que l'aparté permet aussi au dramaturge de souligner certaines de ses habiletés.

L'aparté au service de la peinture psychologique

En suspendant momentanément la communication, l'aparté sert de pallier au dialogue et permet d'annoncer la psychologie des personnages. Lorsque Beaumarchais fait dire à Rosine, « *(à part), si je ne le mets pas en colère il n'y aura pas moyen de refuser* » (76) il permet au spectateur d'accéder à la mécanique de la pensée de la jeune fille, et, du même coup, l'innocente. Il justifie son second pallier « *A ciel ! que faire ? mettons*

---

(75) Préface du Mariage de Figaro (p. 144).
(76) Le Barbier de Séville, Acte II, scène 15.

*vite à la place la lettre de mon cousin et donnons lui beau jeu
à la prendre »* (77). L'ambiguïté sur son comportement est
levée. En parallèle, nous remarquons le même jeu au sein des
répliques de Bartholo dont le premier aparté *« dissimulons »*
révèle bien la finesse jalouse.

L'aparté apparaît comme un moyen d'éclairer par inter-
mittences les personnages, d'en révéler les tactiques : il sert
donc bien évidemment la compréhension des pièces.

L'aparté au service de la compréhension

Les rapides lueurs prononcées *« à part »* sont souvent indispensables à la compréhension dramatique. Beaumarchais
donne alors toute son importance au procédé de l'aparté, puisqu'il devient une spécificité de son écriture économique.
Quelques mots, prononcés pour soi par un personnage, expliquent souvent tout le déroulement futur de l'intrigue.

Quand Rosine, dans **Le Barbier de Séville**, exprime explicitement l'interversion des lettres de son cousin et de Lindor,
cela permet ensuite de comprendre son évanouissement, l'étonnement de Bartholo et la rémission de la jeune fille, sûre de
son fait. De plus, l'aparté éclaire encore l'anecdote plus tar-
dive de l'Acte III : Bartholo confie au Comte déguisé que sa
pupille *« est assise auprès de sa fenêtre, le dos tourné à la
porte, occupée à relire une lettre de son cousin l'officier, qu'(il)
avait décachetée... »* et le spectateur comprend avec « Lindor »
que *« c'est (sa) lettre qu'elle relit. »* (78)

De la même manière, dans **La Mère coupable**, c'est l'aparté
de Bégearss qui détermine toute l'intrigue de « l'écrin à double
fond », puisqu'il révèle une information nécessaire et connue
de lui-seul *« Ah ! si je puis avoir seulement trois minutes l'écrin
au double fond que j'ai fait faire à la Comtesse, où sont ces*

---

(77) Le Barbier de Séville, Acte II, scène 15.
(78) Le Barbier de Séville, Acte III, scène 2.

importantes lettres... » (79) A partir de cette révélation, le calculateur se découvre qui dira au Comte avant de faire « *ouvrir adroitement le double fond* » : « *Si quelque hasard, heureux ou malheureux, vous eut présenté certains faits, je vous excuserais de les approfondir.* » L'hypocrite est alors mis à nu. L'aparté est la sphère du discours vrai, nécessaire au public pour dévoiler l'intrigant.

Si l'aparté sert souvent la compréhension dramaturgique, il est aussi parfois maladroit, voire redondant. Ainsi le « *J'ai pensé me trahir !* » (80) du Comte Almaviva qui n'apporte absolument aucune information utile.

Mais, ces apartés a priori superflus n'aident-ils pas à structurer le dialogue ?

L'aparté au service d'une structuration du dialogue

Dans une écriture aussi économique et dynamique, où la qualité et le nombre d'enchaînements n'imposent pas que l'alternance de parole soit ponctuée par une « pause de fin de réplique » (81), le dialogue se présente à certains moments comme « un flux verbal continu » (82) ; l'aparté permet alors – et Beaumarchais l'utilise dans ce sens – de rompre la construction pour permettre au spectateur de mieux capter les différentes étapes de la progression du dialogue.

La scène 5 de l'Acte III du **Mariage de Figaro** est en cela révélatrice du rôle de l'aparté comme mise en valeur des charnières. En effet, cette scène contient un nombre important d'apartés (83) qui orchestrent le combat bien réglé entre le Comte et Figaro, mettent en valeur l'alternance des offensives et l'équilibre des forces et surtout ménagent quelques temps

---

(79) La Mère coupable, Acte I, scène 4.
(80) Le Barbier de Séville, Acte II, scène 15.
(81) Conesa, **La Trilogie de Beaumarchais**, (p. 76).
(82) Conesa, **La Trilogie de Beaumarchais**, (p. 76).
(83) 13 apartés en tout, dont 8 pour Figaro et 5 attribués au Comte.

de repos, courts armistices qui permettent aux lecteurs comme aux acteurs de reprendre leurs esprits, de faire le point avant l'assaut suivant.

Le succès de la scène tient à ce mécanisme bien réglé qui rythme l'échange et qui, de plus, crée un jeu de mimes, liant geste et parole dans un langage vraiment théâtral. Nous comprenons ainsi constamment les intentions des personnages – elles sont explicites ! : « *voyons le venir, et jouons serré* » (84) ou « *il croit que je ne sais rien ; travaillons le un peu dans son genre* » tandis qu'eux-mêmes n'arrivent pas à se percer à jour mutuellement « *il a joué au fin avec moi, qu'a-t-il appris ?* » Grâce aux apartés, le spectateur en sait toujours plus qu'eux et peut donc rester sensible à leur fourberie !

P. Larthomas l'exprime clairement : « Employé systématiquement, (l'aparté) constitue une sorte de commentaire ; non seulement les répliques ordinaires prennent une valeur nouvelle, mais encore, à la limite, on aboutit à une sorte d'écriture double » (85), c'est une manière de lutter contre le caractère « par nature linéaire du langage humain. » (86)

Beaumarchais a su donner à l'aparté toute sa grandeur, son intérêt dramatique en l'utilisant dans sa forme la plus élaborée pour structurer son langage dramatique. Par ces regards instantanés, extraits de la communication entre les personnages, il informe le spectateur, mais lui fait peut-être également prendre conscience du recul qu'il doit prendre par rapport à l'écriture théâtrale.

L'aparté au service des effets comiques et mises en abîme

Beaumarchais se sert de l'aparté pour ménager des effets, effet de franc comique, ou effet, plus jubilatoire pour

---

(84) Le Mariage de Figaro, Figaro, Acte III, scène 5.
(85) In **Le langage dramatique** (p. 382).
(86) In **Le langage dramatique** (p. 382).

l'auteur, de mise en abîme du théâtre dans le théâtre. Dans **Le Mariage de Figaro**, Figaro surprend le Comte en train de parler seul. La convention est ainsi prise à contre-pied puisque l'aparté devient aparté surpris ! Beaumarchais insère un artifice dans l'artifice, ce qui génère immédiatement effets comiques :

Le Comte : « *et pourquoi ces mots ? (...) : ma femme, s'il vous plaît ?* »

Figaro : « *C'est... la fin d'une réponse que je faisais : allez le dire à ma femme, s'il vous plaît !* »

Le Comte : « *sa femme...* » (87)

et dramatiques : La mèche a-t-elle été vendue ? Et les sept phrases interrogatives du Comte « *hein ?, quoi ? qu'est-ce que c'est ?... et pourquoi c'est mots ? ... ma femme, s'il vous plaît... je voudrais bien savoir (...) ? ... faut-il une heure ?* »

Dans la suite de la scène, les apartés servent encore ce comique : par ces « suspensions », le spectateur comprend que le Comte et Figaro croient respectivement mener le jeu à tour de rôle, tandis qu'en fait, c'est l'autre qui le conduit. Le public, connaissant les intentions systématiques des personnages, rit des équivoques et des soi-disant habiletés qui se transforment le plus souvent en maladresses. L'aparté dénonçant le jeu sur la duplicité de la communication théâtrale débouche sur du franc comique ! Multipliant les retournements de situations, – celui qui croyait prendre se trouvant vite pris ! –, il imprime à la scène un mouvement dramatique étourdissant.

De la même manière, tout le comique de la scène entre Suzanne déguisée en Comtesse et Figaro naît de l'aparté « *et c'est Suzon ! God-dam ! (...) traîtresse qui veut me surprendre !* » (88) A partir de cet instant et grâce à cette rupture,

---

(87) Le Mariage de Figaro, Acte III, scène 5.
(88) Le Mariage de Figaro, Acte V, scène 8.

le spectateur peut jouir de la situation, de la déclaration d'amour de Figaro, théâtre dans le théâtre (89).

Il convient enfin de souligner une dernière mission de l'aparté caractéristique du théâtre de Beaumarchais. Il apparaît comme un des éléments qui souligne, au sein des pièces, l'habileté du dramaturge. En effet, lorsque celui-ci multiplie les apartés pour montrer la difficulté de la situation d'un personnage, c'est aussi pour mettre en valeur la force d'un auteur qui va se sortir d'embarras. C'est le cas dans **Le Barbier de Séville**, lorsque le Comte vêtu en bachelier pénètre chez Bartholo (90). Toute la méfiance du Barbon semble se déployer qui interdit toute erreur ou faux pas au jeune homme.

Beaumarchais souligne la mauvais posture du Comte qui laisse échapper moult interjections à part « *Quel homme !* », « *Oh ! diable !* », « *Maudit vieillard !* », Bartholo semble même près de le découvrir qui s'interroge en secret « *c'est quelque fripon...* » La scène progresse d'aparté en aparté, jusqu'à ce que le spectateur se croie dans une impasse. Alors le dramaturge intervient et retourne la situation en retournant le type d'expression : la scène débutait pianissimo « *à part, à part* » elle verse d'un coup dans le crescendo public « *élevant la voix* », « *plus haut* » comme si le son avait appelé la résolution de l'intrigue. Les apartés répétés du départ soulignent la prouesse de l'auteur capable de tourner une telle situation !

Beaumarchais a su exploiter toute la richesse de potentialités qu'offre le procédé de l'aparté. Sans le systématiser, il choisit de le conserver dans la mesure où il sert la compréhension de l'intrigue et les effets comiques. L'aparté, comme

---

(89) Beaumarchais va jusqu'à préciser dans la didascalie « à genoux » et donne à déclamer à Figaro un texte digne des grands amoureux classiques « Ah ! Madame, je vous adore : Examinez le temps, le lieu, les circonstances... » rien ni manque, ni le soupire « Ah ! », ni le rythme ternaire rhétorique de la conviction !

(90) Le Barbier de Séville, Acte III, scène 2.

nombre d'éléments du langage dramatique de Beaumarchais est utilisé pour sa force rythmique ; s'il se justifie parce qu'il crée un type de tempo, les tirades, elles, semblent à priori nier tout dynamisme... Quelle est donc leur mission ? Pourquoi et comment Beaumarchais les a-t-il conservées ?

LES TIRADES

Chez Beaumarchais, les tirades pourraient être supprimées ou déplacées (91) très souvent, parce qu'elles n'ont pas un rôle dramatique indispensable. Elles apparaissent comme des répliques autonomes soutenues par une construction solide ou un propos violent. Refusant à ces longs développements toute finalité psychologique – à l'inverse de Molière – dans un souci de clarté, Beaumarchais les évite, lorsqu'elles lui paraissent entraver le discours sans l'agrémenter, ou les assume pleinement lorsqu'elles servent sa verve littéraire et ses revendications morales et sociales.

La tirade évitée ou revendiquée

Parce que la dramaturgie classique subissait ce que J. Schérer a nommé la « Tyrannie de la tirade » (92), Beaumarchais, au nom du naturel, désire rompre avec ce procédé et s'efforce d'abréger ses répliques – celles du **Mariage de Figaro** n'ont en moyenne qu'une ligne ou deux – et de multiplier ponctuations et interruptions. Ces innovations, utilisées avec prédilection par l'auteur l'ont sans aucun doute amené à exploiter au plus juste la multiplicité des échanges verbaux. Ainsi, où l'on attend une tirade, chez un classique, trouve-t-on

---

(91) On se souvient que la tirade de « Goddam » figurait d'abord dans Le Barbier de Séville en cinq Actes (Acte I, scène 2, manuscrit F) Beaumarchais, désolé d'avoir eu à la supprimer l'a réutilisée dans Le Mariage de Figaro !

(92) Jacques Schérer, in **La dramaturgie de Beaumarchais** (Nizet).

chez Beaumarchais un dialogue « pressé » contenant la même qualité informative. Ainsi, lorsque Marceline tente de décrire à Bartholo celui qu'elle veut épouser (93), Beaumarchais, au lieu de lui faire tracer son portrait élogieux, conçoit un échange rythmé :

> Marceline : « *Eh ! qui pourrait-ce être, docteur, sinon le beau, le gai, l'aimable Figaro ?* »
> Bartholo : « *Ce fripon-là ?* »
> Marceline : « *Jamais lâche, toujours en belle humeur ; donnant le présent à la joie, et s'inquiétant de l'avenir tout aussi peu que du passé ; sémillant, généreux ! généreux...* »
> Bartholo : « *Comme un voleur.* »
> Marceline : « *Comme un seigneur. Charmant enfin...* »

Le portrait n'est qu'esquissé, quelques adjectifs sont accumulés, en une même phrase qui rebondit sur trois répliques... Le docteur jaloux et agacé, semble interrompre ce flux, il le relance au contraire par ses deux brèves assertions. Tout le travail de Beaumarchais est axé sur le rythme et l'enchaînement : les mots se répondent et se soutiennent dans un jeu de paronomase *(voleur/seigneur)* ; le tempo binaire rebondit au gré des appositions au mot « *Figaro* » ; le portrait ne freine pas la situation. La tirade est judicieusement évitée. Clôturant cette même scène (94), la définition de ce même Figaro est à nouveau fragmentée selon un habile procédé : l'auteur répartit une même phrase dans trois répliques :

> Bartholo : « *C'est un bon tour que de faire épouser ma vieille gouvernante au coquin qui fit enlever ma jeune maîtresse..* »
> Marceline : « *et qui croit ajouter à ses plaisirs en trompant mes espérances.* »
> Bartholo : « *et qui m'a volé dans le temps cent écus que j'ai sur le cœur.* »

---

(93) Le Mariage de Figaro, Acte I, scène 4.
(94) Le Mariage de Figaro, Acte I, scène 4.

L'enchaînement syntaxique des trois subordonnées relatives au même antécédent « *coquin* » permet à l'auteur de donner à l'échange un rythme soutenu, un naturel qui est loin du ton des tirades didactiques de la dramaturgie classique.

Beaumarchais semble bien éviter la tirade dès qu'il le peut ; pourtant qui ne se souvient pas de ces développements prononcés d'un trait, visant la politique, réclamant l'égalité des femmes ou affirmant le pouvoir de la calomnie ? Dans la Trilogie – du moins dans les deux comédies – les tirades sont belles. Revendiquées comme lieu de déploiement du plaisir d'écrire et comme espace de satire, elles apparaissent comme des plates-formes de repos, dans un rythme endiablé de la communication, elles portent la joie d'êtres qui ont réussi à « tirer » à eux la parole.

La tirade engagée ou goûtée

La tirade, puisqu'elle n'est pas le fruit d'une tension dramatique devient, chez Beaumarchais, un moyen d'exprimer émotion et indignation, agrément et engagement.

Certaines tirades apparaissent comme des occasions à la volupté de dire. Qu'il s'agisse de la tirade de la calomnie (95) toute musicale par son rythme accumulatif qui va s'élargissant, et son registre lexical – « *pianissimo* » – ou de celle de « *God-dam* » (et son infaillible viatique lexical), on trouve cette même délectation des mots, ce même plaisir verbal. Le verbe est conçu comme source d'illusion, le langage accepté comme spirale enivrante.

La tirade devient pour les personnages et le dramaturge un espace de liberté qui donne à ces morceaux, qui se suffisent à eux-mêmes, un aspect musical. (96)

---

(95) Le Barbier de Séville, Acte II, scène 8.
(96) Aspect musical que nous étudierons dans notre troisième chapitre : **La symphonie langagière**, (A. Le mot objet d'art).

Mais Beaumarchais accepte aussi la tirade lorsqu'elle lui permet de laisser libre cours à des émotions esthétiques ou encore de s'engager, de s'indigner. C'est dans ces développements que Beaumarchais explicite et justifie le mieux certaines de ses convictions politiques ou sociales. **La Mère coupable** en donne des exemples. Mais, Beaumarchais pensait-il qu'un style médiocre suffit lorsque l'idée est grande et morale ? On trouve, hélas, dans ce drame des écrits lourds et dénués du dynamisme interne qui anime monologues et tirades plus réussis. Qu'il s'agisse du problème de la fidélité des femmes (97), du droit des femmes (98) ou de la définition de la politique (99), les tirades « engagées » sont plus maladroites.

Pourtant, Beaumarchais tenait fermement à leur place dans ses pièces ; traits de morale, elles proposent des espaces de réflexion que le dramaturge estimait nécessaires, tout en enrichissant les personnages. En effet, Marceline semble réhabilitée par sa tirade sur le droit des femmes. Son rôle de duègne amoureuse passait pour ridicule, du moins ingrat, en quelques minutes, elle le métamorphose : de jaloux et acariâtre, son personnage devient touchant et sensible, sympathique et empreint d'une certaine grandeur. Beaumarchais s'en explique clairement dans sa préface : « *Dans les mœurs que je veux corriger, la faute d'une jeune fille séduite est celle des hommes et non la sienne* ». Ainsi, en une tirade, Marceline condense ses reproches : « *Vos magistrats, si vains du droit de juger, (et) qui nous laissent enlever par leur coupable négligence tout honnête moyen de subsister.* » : les femmes sont dépendantes économiquement des hommes ; « *Tel nous juge ici sévèrement, qui, peut-être, en sa vie a perdu dix infortunées* » les séduc-

---

(97) La Mère coupable, Acte II, scène 2.
(98) Le Mariage de Figaro, Acte III, scène 16.
(99) La Mère coupable, Acte IV, scène 4 / Le Mariage de Figaro, Acte III, scène 5.

teurs se permettent de flétrir de mépris celles dont ils ont abusé ; « *Dans les rangs même les plus élevés, les femmes n'obtiennent de vous qu'une considération dérisoire...* » les hommes assujettissent les femmes à une condition d'éternelle infériorité, cachant sous la galanterie leur volonté de subordination. La tirade, même apparemment pesante, reste ici le catalyseur d'une critique efficace.

Beaumarchais refusait le primat accordé aux tirades par les classiques. Il accepte malgré tout les potentialités d'expression d'une liberté idéologique ou esthétique. Ses tirades ne jouent pas de rôle réel dans la progression dramatique de ses œuvres. Les supprimer ferait perdre de l'agrément à la Trilogie sans nuire à la clarté ! Elles sont des « prises de parole » au sens étymologique du mot. Elles participent néanmoins à l'esthétique fondamental de Beaumarchais traduisant ses deux grandes dimensions d'homme : Le rebelle face à une société injuste et l'amoureux des lettres et des mots.

Mais, puisque l'auteur leur a refusé le droit à la psychologie, il fallait bien que quelques beaux monologues rattrapent ce manque...

LE MONOLOGUE

S'il reprend la tradition en faisant monologuer ses personnages pour donner aux spectateurs accès à leurs délibérations et arrière-pensées, Beaumarchais n'en juge pas moins le procédé fort artificiel. Il n'en use donc qu'avec parcimonie et brièveté – à la seule exception du « Monologue de Figaro » (100), morceau d'anthologie.

Le monologue, s'il sert parfois la compréhension, est généralement mis au service de la psychologie des personnages. Le monologue de Figaro, quant à lui, nous permettra de dé-

---

(100) Le Mariage de Figaro, Acte V ; scène 3.

couvrir la qualité d'une écriture qui parvient à rendre vivantes
deux pages de soliloque...

La compréhension

Beaumarchais se sert parfois du monologue comme moyen
pratique de récapituler la situation. Ce procédé pallie alors
certaines difficultés de compréhension. A cet égard, il convient
de remarquer la présence presque systématique de ces monologues récapitulatifs au début de chaque acte. L'inventaire systématique de leur contenu informatif, si fastidieux qu'il soit,
démontre qu'ils contiennent presque à eux seuls toute la trame
des pièces :

Le Barbier de Séville s'ouvre sur un monologue du Comte
qui nous révèle son amour pour Rosine « *Pourquoi non ?
Chacun court après son bonheur. Il est pour moi dans le cœur
de Rosine...* » (101) et son désir de dissimuler son rang pour
être « *aimé pour soi-même* ». Les bases de l'intrigue sont je-
tées. Le monologue de Rosine, qui ouvre le second acte,
confirme le thème amoureux *(« Ah ! Lindor »)* tout en résu-
mant le rôle de Figaro « paralyseur » de la maisonnée
(« Marceline est malade. Tous les gens sont occupés... ») (102).

Bartholo, au début du troisième acte est démuni devant la
colère d'une Rosine qui « *semblait pourtant apaisée* » (103)
et qui affirme sa volonté de ne pas prendre de cours de chant
avec Bazile l'entremetteur. Enfin, si le dernier acte ne commence pas par un monologue, c'est que le troisième acte s'ache-
vait sur le résumé de la situation de Bartholo : la supercherie
est découverte *(« infâmes suborneurs »)* (104) ; Bazile est le
seul qui pourrait peut-être expliquer l'action *(« il n'y a que*

---

(101) Le Barbier de Séville, Acte I, scène 1.
(102) Le Barbier de Séville, Acte II, scène 1.
(103) Le Barbier de Séville, Acte III, scène 1.
(104) Le Barbier de Séville, Acte III, scène 14.

Bazile ») ; La maison est vide – nul n'entendra les futurs arrivants... – (« *Ah ! j'oublie que je n'ai personne...* ») (105). De sorte, le spectateur pénètre dans chaque nouvel acte en douceur, grâce à un monologue plus ou moins important qui le réinsère dans l'action en lui donnant les clés de l'intrigue.

De la même manière, les grands actes du **Mariage de Figaro** débutent tous par les quelques soliloques utiles : Figaro, dans le premier acte, tente ainsi de récapituler la situation : il met au clair la révélation que vient de lui faire Suzanne *« J'entends, Monsieur le Comte, trois promotions à la fois (...) »* le *« j'entends »* montre bien qu'il s'agit de parvenir à une juste compréhension des faits – et met en marche son plan d'action *« D'abord avancer l'heure (...) pour épouser plus sûrement ; écarter Marceline (...) empocher l'or (...) ; donner le change aux (...) passions de Monsieur le Comte ; étriller rondement Monsieur du Bazile, et... »* (106) tout en affirmant son infaillible amour pour Suzanne : il reste dans le même camp qu'elle. Dans la seconde scène de l'Acte 2, Figaro résume une nouvelle fois le désir du Comte de prendre Suzanne pour maîtresse et annonce que ce dernier serait prêt pour cela à *« favoriser les vues de Marceline »* (107) sur Figaro.

Le monologue est ici entrecoupé artificiellement par des questions brèves de Suzanne qui l'allègent, sans le suspendre vraiment. Le troisième Acte débute, lui aussi, par un monologue récapitulatif ; après trois scènes très brèves (respectivement deux répliques, une réplique, quatorze répliques) le Comte s'interroge : « *Ce billet... ; la camariste enfermée... ; la maîtresse affectée... ; un homme qui saute par la fenêtre ; et l'autre après qui avoue...* » rappelant ainsi habilement les faits au spectateur, et réaffirme son désir pour Suzanne même

(105) Le Barbier de Séville, Acte III, scène 14.
(106) Le Mariage de Figaro, Acte I, scène 2.
(107) Le Mariage de Figaro, Acte II, scène 2.

s'il prend conscience que « *rien ne (l') enchaîne à cette fantaisie.* » (108) Le quatrième acte s'ouvre sur le monologue de Figaro heureux qui se souvient de la « scène-de-la-reconnaissance » « *Hier j'étais comme seul au monde, et voilà que j'ai tous mes parents* » et informe le public du succès de Marceline auprès de Bartholo « *Elle a converti son docteur ! (...) il l'épouse.* » (109) Enfin, l'information fondamentale pour la compréhension du cinquième Acte tient dans le monologue de Fanchette qui l'entame : Chérubin est resté au château, elle le nourrit en cachette « *Parce que Monseigneur ne veut pas le voir, faut-il qu'il meure de faim* » (110). Là encore, Beaumarchais, même s'il les place moins systématiquement en première scène, choisit de faire débuter chaque acte d'un résumé de la situation qui évite au spectateur de « décrocher ».

Enfin, le procédé est bien le même dans les quatre premiers actes de **La Mère coupable** ; Suzanne ouvre le premier par un long discours qui pose les données de l'intrigue : la Comtesse souffre « *Elle pleurait !...* » particulièrement en ce jour du deuil d'« *un autre homme qui n'est plus* » et de « *la fête de son fils Léon* » (111). L'acte II, résume l'action fondamentale du premier acte : le Comte a découvert des lettres que la Comtesse tenait cachées dans son coffre à double fond « *cet étonnant écrit qu'un hasard presque inconcevable à fait tomber dans mes mains* » (112) et nous renseigne sur la relation de la Comtesse avec Chérubin, sur les remords de l'une « *Condamnée à des larmes intarissables, je sens qu'elles n'effaceront pas un crime...* » et le « suicide » de l'autre « *ma vie m'est odieuse, je vais la perdre avec joie* ». La lucidité du Comte est posée, qui lui fera avouer à Florestine sa paternité.

---

(108) Le Mariage de Figaro, Acte III, scène 4.
(109) Le Mariage de Figaro, Acte IV, scène 1.
(110) Le Mariage de Figaro, Acte V, scène 1.
(111) La Mère coupable, Acte I, scène 1.
(112) La Mère coupable, Acte II, scène 1.

La douleur de la jeune fille qui se croit incestueuse nous est rappelée dans le monologue de la Comtesse qui ouvre l'Acte suivant « *Ce sont des pleurs, des étouffements* »... Et Beaumarchais y spécifie l'aveuglement de la Comtesse sur Bégearss « *c'est un homme si scrupuleux et si délicat...* » (113).

L'acte IV, lui aussi, reprend le phénomène en l'affirmant : on y trouve d'abord un monologue de Figaro qui résume l'action précédente : Bégearss a réussi à faire brûler à la Comtesse ses lettres « *pour qu'elle ne voie pas qu'il en manque !* » (114) et informe le public des actions en cours : « *l'or du Mexique* » est sauvé et Figaro va intercepter une lettre dévoilant l'hypocrite Bégearss qui y « *pose le masque* ». Puis vient un soliloque de Bégearss qui laisse exploser sa joie de recevoir à minuit « *la pupille et l'argent* ». La juxtaposition de ces deux points de vue constitue les bases solides du déroulement final.

Si Beaumarchais use du monologue pour marquer les étapes de son intrigue : les personnages y résument les faits, annoncent les futurs dans des scènes d'exposition miniatures, cela ne paraît jamais trop artificiel. Car si en chaque début d'acte, un monologue résume le précédent, la psychologie des personnages n'est pas pour autant sacrifiée. Elle s'y révèle au contraire finement.

La psychologie

Le monologue est un espace de retour sur soi, de réflexion intérieure des personnages. C'est un des procédés qui donne le mieux à sentir leurs émotions, leurs questions ou leurs réflexions. C'est le siège de l'élaboration de la conscience des personnages. Suivant une structure formelle assez claire, chez Beaumarchais les monologues s'appuient d'abord sur le réel de la situation, puis, passent par une phase d'interrogation plus

(113) La Mère coupable, Acte III, scène 1.
(114) La Mère coupable, Acte IV, scène 1.

large, pour se clore sur un retour au réel de l'action. Leur éten-
due insérée entre des répliques rapides et enjouées souligne
encore le factice d'un jeu sociale, d'un dialogue auquel il est
parfois bon de se soustraire pour se retrouver soi-même.
Le monologue de Figaro (115) qui suit la scène des révé-
lations de Suzanne est justifié par l'émotion qui l'envahit. Il a
besoin de cette pause, de cette interruption de la communication pour bien comprendre, pour faire le point. La grande
adresse de Beaumarchais est d'avoir su, grâce à l'écriture,
conserver à ces « pauses » de l'action, le rythme enjoué de la
comédie. Dans ce même monologue du **Mariage de Figaro**,
la richesse des procédés stylistiques déployés donne un véritable souffle à ce long discours : Figaro s'adresse successivement à « *Monseigneur !* », à « *Bazile ! fripon de cadet* » et à
lui-même « *Monsieur Figaro* » avec la même force d'apostrophe, jouant d'ironie amère, voire sarcastique « *Moi..., vous
daignant concourir à l'accroissement de la mienne (famille) !
Quelle douce réciprocité !* » tout en conservant une syntaxe
oratoire et un vocabulaire familier qui permet au personnage
de rester dans le ton de la comédie ; s'ajoute un jeu de balan-
cements binaires « *pendant que je galoperais (...) vous feriez
faire de l'autre (...)* » et d'accumulations verbales « *avancer... ;
écouter... ; empocher... ; donner... ; étriller...* » Le dynamisme
est sauvegardé, riche d'émotion. Cette spécificité du monologue chez Beaumarchais se retrouve dans d'autres exemples.
Le plus exemplaire reste pourtant le grand monologue de Figaro,
où se déploie tout le génie stylistique de Beaumarchais.

*Le monologue de Figaro (Acte III, scène 5)
ou la pause dynamique*

On sait que Beaumarchais lui-même, qui pourtant déteste
renoncer à ses écrits, a beaucoup hésité à conserver ce mo-

---

(115) Le Mariage de Figaro, Acte I, scène 2.

nologue un peu monstrueux – il tient trois pages dans l'édition de J-P. de Beaumarchais ! – Ce n'est que devant l'enthousiasme des acteurs qu'il se décide à relever le défi. Cependant, poussant l'artifice à son comble, il se devait de trouver une écriture qui réussisse à rendre ce monologue le plus vraisemblable possible et à lui conférer un maximum de valeur psychologique et comique. Avant d'étudier l'habileté de sa structure formelle et les caractéristiques majeures de sa rédaction, il convient de souligner l'utilité de ce soliloque : Figaro a psychologiquement et émotionnellement besoin de ce temps de repos, de clarification. Il a en une même journée appris que celle qu'il veut épouser, Suzanne, est courtisée par le Comte et que celle qui voulait l'épouser, Marceline, ne se *« trompait que de nom »* puisqu'elle est sa mère. Entrevoir la perte de son amante et retrouver ses parents inconnus depuis l'enfance, le tout en l'espace de quelques heures, justifie son bouleversement. Or, il croit, en plus, que « sa » Suzanne a accepté les vues du Comte...

L'être pensant impose une pause à l'être agissant, le sensible à l'actif. Le monologue est justifié : bien que parfaitement inscrit dans la situation, il est purement existentiel comme le souligne sa structure.

Ni lyrique (les stances de Rodrigue dans **Le Cid**) ni délibératif (Agamennon dans **Iphigénie**), la méditation s'éloigne vite de la situation pour plonger dans les méandres du moi, selon une construction claire, en deux temps – la jalousie et l'introspection, l'aigreur révoltée et la lucidité sombre – séparant deux êtres – le tribun et le picaro, l'imprécateur debout et le parvenu *« assis »*. Les didascalies soulignent justement les phases successives du monologue. Les articulations sont d'une logique parfaite, l'auteur ayant procédé par encadrements et emboîtements successifs : du présent au passé, du défi à la mise en garde, du conflit à l'introspection, des espoirs d'ascension sociale à la chute *« je laissai l'espérance et la liberté »* du retour sur le passé au questionnement sur l'identité du moi et le mystère de l'existence.

Le monologue se clôt enfin sur lui-même, le souvenir de ses amours reconduit Figaro à son point de départ, sa jalousie. Il annonce la « crise de l'action » et renouvelle son imprécation initiale généralisante *« femme, femme, femme !* » en la particularisant *« Suzon, Suzon, Suzon !* » Cette transformation du général au particulier reprend en chiasme l'évolution du monologue, de l'introspection à la réflexion existentielle. La construction soutient avec brio une écriture fort dynamique.

Le monologue, par essence statique, devient vivant grâce à des interrogations, des accumulations et des apostrophes ; des bons mots, des traits burlesques et des figures de style. Alors que son personnage soliloque, Beaumarchais use d'unités linguistiques propres à la conversation : les interrogations *« (Ton instinct) est-il de tromper ? »*, *« Qu'avez-vous fait pour tant de biens ? »* les hésitations *« Je lui dirais... que les imprimés n'ont d'importance qu'aux lieux ou l'on en gêne le cours ; que sans la liberté de blâmer, il n'est point d'éloge flatteur ; et qu'il n'y a que (...) »* les exclamations *« Me voilà derechef sans emploi ! »* les onomatopées *« eh ! »*, *« Pou-ou ! »* les interruptions *« J'entends marcher... »* *« et vous voulez jouter... on vient... »* ou encore différentes apostrophes qui recourent à la fonction phatique du discours (116). Il use ainsi d'exclamatives *« est-il rien de plus bizarre que ma destinée ! »* *« vous vous croyez un grand génie ! »* de présentatifs à valeur anaphorique *« et voilà ma comédie flambée ! »* d'apostrophes de bateleur de parade *« alors, bonnes gens ! je soupe en ville... »* et de vocatifs *« Suzon ! »*

A ces procédés issus du dialogue s'ajoute le foisonnement de jeux d'écriture : les accumulations se multiplient *« J'offense dans mes vers la Sublime-Porte, la Perse, une partie de la pres-*

---

(116) Cf la théorie de la communication de Jackobson.

qu'île de l'Inde, toute l'Égypte, les royaumes de Barca, de Tripoli, de Tunis, d'Alger et de Maroc (...) » « *Pourvu que je ne parle en mes écrits ni de l'autorité, ni du culte, ni de la politique, ni de la morale, ni des gens en place, ni des corps en crédit, ni de l'Opéra, ni des autres spectacles, ni de personne qui tienne à quelque-chose...* » L'effet comique est assuré. Les ellipses accélèrent le rythme : « *du reste homme assez ordinaire* ». « *Me fussé-je mis une pierre autour du cou.* » Et parfois jointes à l'accumulation, elles font confiance à la force mimétique du langage et aux potentialités gestuelles des acteurs : « *On se débat ; c'est vous, c'est lui, c'est moi...* ». Les métaphores et métonymies, mêlées à des hypotyposes vives et concrètes transforment l'énumération en anecdotes, donnent à voir (117) quelques images parfois si originales qu'elles deviennent comiques : « *et voilà ma comédie flambée, pour plaire aux Princes Mahométans (...) qui vous meurtrissent l'omoplate, en nous disant...* » « *Mes joues creusaient, mon terme était échu : je voyais de loin arriver l'affreux recors, la plume fichée dans sa perruque.* » « *Je vois (...) baisser pour moi le pont d'un château fort, à l'entrée duquel je laissai l'espérance et la liberté.* » « *Je quittais le monde, et vingt brasses d'eau m'en allaient séparer...* »

Enfin, l'ironie sous-jacente et les bons mots percutants, à la limite de l'aphorisme, achèvent de rendre le monologue attractif : « *Comme il n'est pas nécessaire de tenir les choses pour en raisonner...* » « *pour plaire aux Mahométans, dont pas un, je crois, ne sait lire...* » « *pourvu que je ne parle en mes écrits ni de l'autorité, ni de (...), ni de (...), je puis tout imprimer librement sous l'inspection de deux ou trois censeurs. Pour profiter de cette douce liberté...* » « *Ne pouvant avilir l'esprit, on se venge en le maltraitant* » « *Sans la liberté de blâmer il*

---

(117) Notons le présent presque généralisé, qui soutient les images et le rythme, préféré à une première rédaction au passé !

n'est point d'éloge flatteur » « *Pour gagner du bien le savoir faire vaut mieux que le savoir.* »

Dans son monologue, le Figaro-Hamlet qui s'interroge sur l'inconstance de sa destinée et l'inconsistance de son moi, parvient à sauvegarder une telle puissance de vie que le public se laisse prendre au jeu. L'interruption de la communication ne retarde en rien l'action, elle rehausse le dénouement à venir par l'attente qu'elle crée. Elle se fond peut-être aussi parfaitement à la pièce dans la mesure où elle porte en elle certaines des plus belles caractéristiques du langage dramatique de Beaumarchais : l'introduction d'un passé chez des personnages de théâtre, le poids de la psychologie et de la satire, et surtout la vivacité verbale et le maniement adroit des mots d'où naît le comique.

Beaumarchais a su proposer une forme nouvelle du monologue. Loin du long discours classique, il a su lui donner une étonnante force de vie qui le relie aux scènes dialoguées. Informant le public de l'intrigue comme de la psychologie des personnages, il est surtout un lieu où s'exerce la virtuosité du dramaturge.

Avec Beaumarchais, apartés, tirades et monologues prennent un nouveau souffle. Mis au service du rythme et du dynamisme, ils se coulent dans une écriture vivante, dont ils n'entravent ni la gaieté, ni la légèreté.

C. La gaieté

*« J'ai tenté (...) de ramener au théâtre, l'ancienne
et franche gaieté, en l'alliant avec le ton léger,
fin et délicat de la plaisanterie actuelle. »*
Beaumarchais (118)

La gaieté est presque un postulat chez Beaumarchais.
Du moins est-ce une des grandes exigences que revendiquent ses préfaces. Dès sa première comédie, il explique son désir de faire « une pièce amusante », « une des plus gaies qui soient au théâtre ». De là naît l'idée d'un personnage étonnamment optimiste, *« un drôle de garçon, un homme insouciant qui rit également du succès et de la chute de ses entreprises »* (119). Plus tard, après la rédaction du **Mariage de Figaro**, il justifiera encore son art comme le seul qui puisse *« amuser en instruisant »* à condition de renouer avec *« la franche et vraie gaieté qui distinguait de tout autre le comique de notre nation »* (120). Son souci affiché de renouveler les formes du théâtre l'amène à exploiter toutes les potentialités du langage, tous les types de comique ; situations, mots et phrasés sont travaillés pour susciter le rire, pour divertir le spectateur.

Beaumarchais aime les situations cocasses : le Comte devient ainsi le confident de Bartholo dans **Le Barbier de Séville**, et la Comtesse se fait embrasser par Chérubin aux yeux du Comte et de Figaro dans **Le Mariage de Figaro** ! Plutôt que de citer tous ces moments privilégiés du rire, il nous paraît intéressant de voir plus précisément comment ils s'appuient souvent sur des contrastes ou des gestes, et dans quelle mesure Beaumarchais sait se souvenir des farces de Molière.

---

(118) Lettre modérée sur la chute et la critique du Barbier de Séville.
(119) Lettre modérée sur la chute et la critique du Barbier de Séville.
(120) Préface ajoutée au Mariage de Figaro.

LE COMIQUE DE SITUATION

La force du contraste

Beaumarchais l'a bien compris, le rire naît souvent du contraste entre l'attente que l'on se fait d'un événement et sa réalité. C'est l'effet de surprise crée par ce décalage qui est plaisant. Le personnage de Chérubin s'appuie sur ce ridicule de contraste. Il est double, construit sur une opposition entre son nom, qui évoque l'innocence et la pureté, et ses désirs ardents qui l'apparentent aux mâles libertins.

Beaumarchais pousse à l'extrême ce jeu de décalage entre prénoms et attitudes dans les personnages de la Jeunesse et l'Éveillé. Il reconnaît alors que ses scènes : *« tiennent un peu de la parade. N'est-ce pas un petit moyen de gaieté que la jeunesse soit vieux et l'Éveillé imbécile »*. (121)

Ailleurs, le comique naît du contraste entre le caractère et les propos du personnage. Le Barbon du **Barbier de Séville** appelle le rire dans ses scènes tendres, mais sa sincérité nous surprend un instant pour mieux mettre en valeur ses maladresses amusantes. Ainsi à l'Acte II, après s'être fait duper par Rosine à propos de la lettre du Comte (122), Bartholo se montre tendre *« Puisque la paix est faite, mignonne, donne moi ta main »* et suscite notre pitié ou au moins notre compassion par sa logique évidente *« Si tu pouvais m'aimer, oh ! comme tu serais heureuse »*. Vient alors sa brusque conviction qui par contraste amène le rire : *« Je te plairai, je te plairai, quand je te dis que je te plairai ! »*. L'amoureux trompé a toujours excité la joie du public, Beaumarchais en mêlant un homme tendre et émouvant à un vieillard jaloux décuple l'effet.

Dans **Le Mariage de Figaro**, Beaumarchais exploite encore le phénomène de contraste en faisant bégayer Brid'oison

---

(121) Préface du Mariage de Figaro.
(122) Le Barbier de Séville, Acte II, scène 15.

le magistrat (123), défaut qui s'oppose à la dignité de sa fonction. Il renforce le comique en faisant du juge un sot qui transgresse les lois de la conversation : il enfreint le principe de coopération et le principe de pertinence : « *J'en entends, et caetera, le reste* » / « *Eh bien ! pa-arlons-en verbalement* » / « *Croyez vous que je ne l'en-entende pas, le procès ?* »

Le galimatias et l'inadéquation mécanique des réparties de Brid'oison qui persiste à ne rien comprendre à l'affaire « *Hé ! mais qu'est-ce donc qu'il dit ?* » mêlés à une emphase bouffonne et déplacée « *Est-ce que j'ai a-acheté ma charge pour autre chose ?* » sont irrésistibles. De plus, l'ironie de Figaro dissimulée sous un feint ménagement associe le spectateur à la situation. Comme le juge ne s'aperçoit qu'avec retard qu'il perd la face, l'effet comique est assuré. Le rire est alors déclenché tant par la bêtise du juge que par la pertinence de Figaro. Comme le souligne Conesa (124), Figaro est en effet porteur du rire par son humour, son esprit « *quand je discute avec un fat, je ne lui cède jamais* ». (Figaro, tournant le dos) « *nous différons en cela, moi je lui cède toujours* » et son regard sur le monde propre à révéler absurdités et incohérences. La relation entre la scène et la salle en est profondément modifiée : Figaro « *fait rire les autres et en rit lui-même, la réflexité du rire ne quitte pas la scène* » (125).

Le comique de gestes

Le théâtre c'est la représentation. L'écriture de Beaumarchais fait une large place à l'interprétation. Si certaines répliques imagées ont été biffées au cours des réécritures, c'est bien que l'auteur a une conscience aiguë de la force

---

(123) Le Mariage de Figaro, Acte III, scènes 12 et 13.
(124) In **La Trilogie de Beaumarchais** (p. 173).
(125) Anne Ubersfeld — Un balcon sur la terreur, Le Mariage de Figaro. Europe, Avril 1975. p. 105-115.

du geste au théâtre. Cette force, il sait la mettre au service de cette gaieté qu'il désire si ardemment.

Certains jeux scéniques prêtent bien à rire : Bartholo s'endormant à plusieurs reprises au cours de la leçon de chant de Rosine (126), ou le Comte giflant Figaro au lieu du page (127). Une place à part doit être réservée aux bâillements de l'Éveillé et aux pleurs et éternuements de la Jeunesse (128). Beaumarchais est très fier de sa création d'un nouvel emploi non « *encore appointé : celui du baillant* ». Il explique en effet que le comique de geste est secondé par un travail d'écriture ; le langage dramatique amène le jeu : « qu'a fait l'auteur pour former un comédien peu exercé au talent d'ouvrir largement la bouche au théâtre ? il s'est donné le soin de lui rassembler, dans une seule phrase, toutes les syllabes baillantes du français : Rien... qu'en... l'en... ten... dant... parler : syllabes, en effet, qui feraient bailler un mort et parviendraient à desserrer les dents même de l'envie ! »

De plus, comme si les bâillements et éternuements ne suffisaient pas à nous faire rire, l'auteur ajoute les pantomimes de Bartholo contrefaisant l'Éveillé (scène 6) et la Jeunesse (scène 7) « *et tchi, et tcha !* ». Alliant de sorte comique de gestes et comique d'imitation, Beaumarchais est sûr de son effet !

La farce et les restes de Molière

La gaieté qu'aime Beaumarchais, c'est celle qu'il a découverte chez Molière. Aussi, il ne niera jamais son goût pour la farce. Le personnage de Bazile véhiculé dans ses deux comédies est en cela un personnage à part. Beaumarchais se sert de lui pour amener un souffle de « franche gaieté ». S'il jongle

---

(126) Le Barbier de Séville, Acte III, scène 4.
(127) Le Mariage de Figaro, Acte V, scène 7.
(128) Le Barbier de Séville, Acte II, scènes 6 et 7.

avec les mots, il est aussi là pour dire aux « héros » leurs vérités. Ses calembours sont drôles tant par leur jeu sur le langage que par leur sens profond. Bazile ne perd jamais le sens des réalités et réclame « *l'accord parfait de l'or* » (129) pour mener à bien le mariage de Bartholo. En cela, il déclenche le rire en s'apparentant tant à Harpagon (« *ma cassette* »), qu'à Sganarelle (« *mes gages* »). Il trouvait un écho, dans la version en cinq actes du Barbier, dans la personnalité du notaire dont les derniers mots se référaient à cet appas du gain : « *Et qui me paiera mon deuxième contrat ?* ». A Molière, Beaumarchais emprunte encore sa Marceline. Arsinoé aigrie, elle, a droit à sa scène de jalousie (II, 2). Il est symptomatique que dans cette scène de duel verbal avec Suzanne, Beaumarchais ait d'abord songé à introduire un jeu répétitif de surnoms (Mme Orbèche, Mme Pimbèche) qui soulignait l'échange pressé et le mépris des deux femmes. En supprimant les surnoms, Beaumarchais s'éloigne de la farce, mais en garde le rythme endiablé, la gaieté de la situation et la richesse des répétitions comiques (cf. notre chapitre sur le comique de répétition).

Pour conclure, indiquons encore l'utilisation comique par Beaumarchais du troisième lieu, au sens large. Par essence, il crée la surprise. Beaumarchais en tire du rire : qu'il s'agisse d'une Suzanne sortant du cabinet de la Comtesse à la place de Chérubin ou de la kyrielle d'actrices sortant des pavillons, sous les yeux ébahis du comte, dans l'ordre le plus propre au rire. L'auteur, en effet, choisi de faire aller chercher chacun des personnages cachés dans les pavillons par celui qui avait le moins intérêt à le trouver ! : le comte ressort en tirant son rival Chérubin ; Antonio extrait sa propre fille, Fanchette, à sa grande confusion ; Bartholo va saisir Marceline ; le Comte se saisit

---

(129) Lettre modérée sur la critique et la chute du Barbier.

de Suzanne qu'il continue de prendre un instant encore pour sa femme ! La scène, roulant sur le thème de l'adultère et des amants cachés n'est pas sans faire penser au futur vaudeville du XIXᵉ siècle !

Le troisième lieu est exploité pour sa force d'inattendu, son instabilité dynamique. Correspondant à ce procédé, dans **Le Barbier**, les déguisements de Lindor jouent un rôle comparable en le laissant en permanence en état de créativité, ouvert aux potentialités du mensonge. Nous ne savons jamais ce qui va sortir de sa bouche comme nous ne savions pas qui sortirait des marronniers. Extasions-nous, à ce propos, sur l'habileté dramaturgique de l'auteur dans la scène du « *bonsoir Bazile* » (130). La gaieté y atteint un de ses sommets. L'arrivée de Bazile, qui devait créer un effet bouleversant aux confins du drame, se transforme en une des plus piquantes scènes de la comédie. Le spectateur reste coi devant ce gigantesque retournement de situation, cette cohésion étonnante de force adverse contre ce pauvre Bazile éberlué. Il n'y a que Beaumarchais pour réussir à amener une scène où « *tout le monde est dans le secret* ».

Pour réussir cette ambiance de « gaieté franche », Beaumarchais manie avec dextérité toutes les formes du comique de situation : déguisements, imitations, gestes, contrastes... Ses personnages sont amusants non seulement par leurs caractères et manières, mais encore par leurs paroles.

LE COMIQUE DE MOTS

Beaumarchais joue avec les mots sur plusieurs plans : pour leur efficacité satirique, tout d'abord, dans un art de la formule percutante ; pour leur richesse référentielle ensuite, qui permet des quiproquos comiques ; pour leur poids littéraire enfin, qui lui ouvre les voies de la parodie.

---

(130) Le Barbier de Séville, Acte III, scène 2.

Les bons mots

Beaumarchais est un esthète de l'écriture. Le travail précis de ses manuscrits témoigne de sa soif de perfection (son économie), et, en même temps, de son insatiable amour des mots (sa prodigalité). Il saura en presser toute la substance comique, maniant pléonasmes : *« une vérité vraie »* (131) jeux de mots : *« Votre main, madame / la voilà / Ah ! demonio ! quel soufflet !* » (132) et surtout formules adroites. Beaumarchais triomphe dans l'art des bons mots contenus en une phrase. Il met en situation les maximes des grands moralistes, comme Montaigne, les exploite et les rend efficaces : où elles ne s'adressaient qu'à l'intellect, il les fait passer au filtre de l'affectivité. Montaigne écrit dans **Les Essais** (Livre III, 9) *« Les princes... me font assez de bien quand ils ne me font pas de mal.* » Ce qui devient dans la bouche de Figaro évoquant son passé : *« Je me crus trop heureux d'en être oublié (du ministre) persuadé qu'un grand nous fait assez de bien quand il ne nous fait pas de mal.* » (133) Ailleurs ce sont ces échanges où chacun apporte un peu de son piquant à la saillie. Ainsi, on trouve, au nombre de ce que Conesa nomme ces « effets séquentiels », les fameux proverbes de Bazile dans **Le Barbier de Séville** :

Bazile : *« Comme dit le proverbe, ce qui est bon à prendre... »*
Bartholo : *« J'entends, est bon... »*
Bazile : *« A garder. »* (134)
ou dans **Le Mariage de Figaro** :
Bazile : *« Tant va la cruche à l'eau ! »*
Figaro : *« Ah ! voilà notre imbécile avec ses vieux proverbes ! Hé bien, pédant, que dit la sagesse des nations ? Tant va la cruche à l'eau, qu'à la fin... »*

---

(131) Le Mariage de Figaro, Acte III, scène 1.
(132) Le Mariage de Figaro, Acte V, scène 8.
(133) Le Barbier de Séville, Acte I, scène 2.
(134) Le Barbier de Séville, Acte IV, scène 1.

Bazile : « *Elle s'emplit.* »

Figaro : « *Pas si bête, pourtant, pas si bête !* » (135)

Bel exemple d'interruption avec enchaînement syntaxique qui, pour faire valoir le mot de la fin, l'enchâsse vivement dans la proposition amorcée par l'un des personnages !

L'effet comique est ici amené et souligné par l'attitude de Figaro qui, ironisant sur l'expression de Bazile, crée un effet d'attente et valorise la chute. Le comique naît encore une fois du décalage entre ce que le spectateur pressent et ce qu'il découvre. De plus, si la surprise crée le rire spontanément, la pertinence du propos complète ce premier rire d'un sourire d'intelligence. De la même manière, Figaro reprendra le processus en coupant Bazile :

Bazile : « *Je n'irais pas lutter contre un pot de fer moi qui ne suis...* »

Figaro : « *qu'une cruche.* » (136)

Le comique alors se renforce du jeu intertextuel qui ramène la « *cruche* » où nul ne l'attendait !

Les effets séquentiels sont souvent ajoutés au dialogue, ne lui apportant aucune information. Leur seule nécessité est de détendre une scène, de l'alléger. Lorsque le Comte retrouve Figaro dans **Le Barbier de Séville**, le trait comique est amené un peu artificiellement par une constatation du Comte :

Le Comte : « *Je ne te reconnaissais pas. Te voilà si gros et si gras...* »

Le trait, préparé, porte alors :

Figaro : « *Que voulez-vous, c'est la misère !* »

L'interlocuteur le souligne par un commentaire métalinguistique avant de relancer le dialogue :

Le Comte : « *Pauvre petit ! Mais que fais-tu à Séville ?* » (137)

---

(135) Le Barbier de Séville, Acte I, scène 10.

(136) Le Mariage de Figaro, Acte II, scène 13.

(137) Le Barbier de Séville, Acte I, scène 2.

On pourrait, évidemment, sans entraver le sens de la pièce supprimer ce mot d'esprit. Pourtant, c'est sans doute à ces répliques, à cette gaieté dispersée au sein des comédies, que **Le Barbier de Séville** et **Le Mariage de Figaro** doivent leur activité. En cela **La Mère coupable** paraît, un fois de plus, marquée par une époque moralisatrice. La gaieté y manque. Parfois l'effet séquentiel s'élargit, se déploie sur de nombreuses répliques. Lorsque Beaumarchais veut amener un thème spécifique (exemple : la critique des courtisans) il se doit de procéder lentement afin que le bon mot ne soit pas perçu comme un « écart » à la situation. Lorsque Figaro vient établir un plan d'action avec Suzanne et la Comtesse, le trait est bien incorporé dans la conversation.

Figaro : « *Veut-on me laisser faire ?* »

Suzanne : « *On peut s'en fier à lui pour mener une intrigue.* »

Figaro : « *2, 3, 4 à la fois ; bien embrouillées, qui se croisent. J'étais né pour être courtisan !* »

Suzanne : « *On dit que c'est un métier si difficile !* »

Figaro : « *Recevoir prendre et demander, voilà le secret en trois mots !* »

La Comtesse : « *Il a tant d'assurance qu'il finit par m'en inspirer.* »

Suzanne : « *Tu disais, donc ?* » (138)

Quatre répliques ont ouvert l'effet, Figaro a exprimé son trait en une phrase précise et efficace, au rythme ternaire ; la Comtesse le commente brièvement et Suzanne enchaîne le dialogue.

Les saillies spirituelles, simplement ou savamment amenées, sont récurrentes dans les comédies de Beaumarchais au sein des scènes, mais aussi fréquemment dans **Le Mariage de Figaro**, pour clore les actes par une pirouette.

---

(138) Le Mariage de Figaro, Acte II, scène 2.

L'acte I se suspend sur le proverbe transformé de Bazile cité plus haut. La fin de l'acte III par Brid'oison démontre que ce n'est pas un hasard.

La dernière scène du Premier Acte ne semblait se justifier que par rapport au jeu de Bazile : une scène amenait un bon mot. Dans ce troisième acte, ce sont les trois dernières scènes qui préparent la réplique comique finale : dans la scène 18, Figaro laisse couler des larmes de joie en retrouvant les bras de sa mère ; Brid'oison alors s'abandonne à l'émotion générale et murmure « *eh bien ! moi, je suis donc bê-ête aussi ?* » (139) Dans cette situation d'attendrissement, le mot se charge de sa valeur hypocoristique et passe presque inaperçu. Il prépare en fait l'effet à venir : dans la scène suivante, Bartholo ému par les « petit-papa » de Suzanne fait référence à la réflexion du juge : « *voilà que je suis plus bête encore que monsieur, moi.* » (140) L'ambiguïté subsiste sur l'adjectif. Ce n'est qu'une fois seul que Brid'oison prend conscience que ce « *bête* » qu'il se servait à lui-même avec tendresse, repris par un tiers et à son sujet, pourrait bien recouvrer son sens propre. Le mot de la fin lui échappe : « *Plus bê-ête encore que monsieur ! on peut se dire à soi-même ce-es sortes de choses-là, mais... I-ils ne sont pas polis du tout da-dans cet endroit-ci.* » (141) La syllepse, l'effet d'écho que souligne le bégaiement et la déduction lente du juge montrent bien la stupidité du personnage qui actualise, à son détriment, une équivoque jusque-là potentielle. Brid'oison reste bien en scène sans aucune nécessité dramatique, pour prononcer ce mot de la fin par lequel l'auteur aime à clore ses actes.

Pour créer la gaieté, Beaumarchais se sert bien des mots dans leur force d'expressivité. Le public rit au même titre que les acteurs. IL sait aussi manier leur capacité de non dit dans

---

(139) Le Mariage de Figaro, Acte III, scène 18.
(140) Le Mariage de Figaro, Acte III, scène 19.
(141) Le Mariage de Figaro, Acte III, scène 20.

quelques jolis quiproquos. Le public se régale alors de sa position extérieure qui lui procure l'omniscience.

Les quiproquos

Travestissements, déguisements de voix, multiplication des lieux scéniques et apartés organisent, avec virtuosité, méprises, quiproquos et double sens, sur le motif de l'amour dans **Le Barbier de Séville**, et de l'adultère dans **Le Mariage de Figaro**. Quoi de plus plaisant pour les personnages du **Barbier de Séville** que de jouer avec l'ambiguïté du Barbon trompé, à l'amour de Rosine et Lindor ? Beaumarchais ne se prive pas de ces doubles-sens plaisants qui mettent le spectateur dans la confidence, tout en ridiculisant le Barbon. La scène où le Comte, en Bachelier, gagne la confiance de Bartholo et donne sa leçon de chant à Rosine mérite à cet égard d'être analysée. Les deux amants, en présence l'un de l'autre, codent leur langage afin de ne pas éveiller les soupçons du jaloux : Rosine, expliquant son malaise soudain, ose un « *le coup m'a porté au cœur* » (142) explicite pour nous et inintelligible pour le Barbon qui y voit une définition de sa douleur. Plus loin, elle reprend le même procédé (et Beaumarchais souligne sa tactique par la réitération de la didascalie « *regardant le Comte.* ») sous prétexte de définir son morceau de la Précaution inutile, elle fait comprendre à Lindor le trouble de son âme : « *Un tableau du printemps me ravit ; c'est la jeunesse de la nature. Au sortir de l'hiver, il me semble que le cœur acquiert un plus haut degré de sensibilité : comme un esclave, enfermé depuis longtemps, goûte avec plus de plaisir le charme de la liberté qui vient de lui être offerte.* » (143) L'auteur accentue alors le comique en soulignant l'incompréhension de Bartholo par l'ambiguë question du Comte : « *En sentez-vous l'application ?* » Enfin, le

---

(142) et (143) Le Barbier de Séville, Acte III, scène 4.

sous-entendu se meut en véritable métalangue dans la chanson au titre révélateur de la « *précaution inutile* », et le spectateur sourit de l'audace du dramaturge qui confie à la musique la charge de la liberté :

> « *Par cette ruse*
> *l'amour l'abuse*
> *Mais chanter*
> *sauve-t-il du danger...* » (144)

La scène suivante voit apparaître Figaro qui lui aussi se permettra un double-sens habile en s'adressant au docteur et en lui montrant le Comte déguisé « *Vous voyant ici à consulter, j'ai pensé que vous poursuiviez le même objet.* » (145) Là où Bartholo entend le même « *métier* », le public lit bien dans cet « *objet* » la jeune Rosine. Enfin, plus loin, Bartholo faisant ses confidences au Comte s'exclame : « *il ne m'attrapera plus* » et le Comte de répondre judicieusement « *je crois qu'à cet égard le plus fort est fait.* » (146) Là encore, Beaumarchais joue de sous-entendus avec le public qui sait Figaro en train d'intriguer de son mieux. Ce que Figaro reconnaît lui-même dans un même effet de clin-d'œil.

Bartholo : « *On prend garde à ce qu'on fait. Accrocher une clef ! l'habile homme.* »

Figaro : « *Ma foi, Monsieur, cherchez-en un plus subtil.* » (147).

L'amour prête aux sous-entendus, l'adultère aux quiproquos. Beaumarchais a su en expert manier le quiproquo – parfois gestuel – dans les scènes finales du **Mariage de Figaro**, pour rendre comique le dénouement : la Comtesse, déguisée en Suzanne, attend la venue du Comte pour le confondre ; arrive

---

(144) Le Barbier de Séville, Acte III, scène 4.
(145) Le Barbier de Séville, Acte III, scène 5.
(146) Le Barbier de Séville, Acte III, scène 8.
(147) Le Barbier de Séville, Acte III, scène 10.

alors Chérubin qui propose à celle qu'il prend pour la cameriste un échange de partenaire d'où serait exclu Figaro : « *Oh ! que oui, j'oserai. Tu prends sa place auprès de Monseigneur ; moi, celle du Comte auprès de toi : le plus attrapé, c'est Figaro* ». Le tout est entendu par Figaro, Suzanne et le Comte et ne peut que susciter la jalousie des deux rivaux ! la tension dramatique est lourde. Beaumarchais se doit de détendre l'atmosphère. Se succèdent alors une dizaine de quiproquos, parfois peu vraisemblables, mais dont le rythme ne permet pas au public de se poser la question. Chérubin embrasse le Comte au lieu de la Comtesse (148) ; Figaro croit au bruit du baiser que Suzanne l'a trahi « *J'épousais là une jolie mignonne !* » et s'avance vers elle. Il reçoit alors le soufflet que le Comte destinait au page (149), suscitant le rire de Suzanne que le Comte prend pour celui du petit page « *entend-on quelque chose à ce page ? Il reçoit le plus rude des soufflet et s'enfuit en éclatant de rire.* » L'époux suborneur fait alors sa déclaration à sa propre femme qu'il prend pour Suzanne, méprise qui achève de berner Figaro. Ce dernier s'avançant furieux provoque le départ de ceux qu'il croit coupables (150). La cameriste, qui s'est trahie par sa voix, prend alors la déclaration de Figaro à la Comtesse pour réelle. Réconciliés dans une séance de soufflets jubilatoire, les amants deviennent associés. Le Comte peut alors venir se prendre au piège, apercevant Figaro aux genoux de celle qu'il prend pour la Comtesse (151) ; il entre dans les transes jalouses dont découleront les déconvenues futures ! La séquence est brillamment construite, chaque quiproquo étant la condition logique du suivant. Les « *spirituelles femelles* » (152) ont l'avantage, elles mènent élégamment le jeu !

---

(148) Le Mariage de Figaro, Acte V; scène 6.
(149) Le Mariage de Figaro, Acte V; scène 7.
(150) Le Mariage de Figaro, Acte V; scène 8.
(151) Le Mariage de Figaro, Acte V; scène 9.
(152) Le Mariage de Figaro, Acte V; scène 8.

Quiproquos et sous entendus sont des ressorts puissants de la gaieté au sein des comédies de Beaumarchais – dommage qu'il n'en ait pas usé plus dans **La Mère coupable** pour alléger son drame d'une *« profonde et touchante moralité »* (153). L'inégalité d'information est bien source d'effet comique et de rebondissements de l'action. Les mots ont conscience de leur poids de non-dit, mais aussi de leur force d'histoire.

La parodie

Beaumarchais aime glisser dans ses pièces quelques fines parodies qui mettent en valeur la théâtralité de certaines scènes, en soulignant le décalage entre la situation réelle et le discours des personnages.

On trouve ainsi des scènes issues de la Commedia. La scène de la reconnaissance de Figaro (154) dans **Le Mariage de Figaro** est sous-tendue par cette trame d'imitation : entre le docteur pédant et ridicule, et Brid'oison, cet avatar de Pantalon, Figaro jongle avec les mots, l'amour ou les soufflets et s'appelle Scapin ou Scaramouche. A moins qu'il ne soit Léandre, l'éternel amant d'Isabelle, quand il est « reconnu » sur scène par ses « nobles » parents... On pense à Molière, et aux scènes qui achèvent les comédies : Valère reconnu par Anselme dans **L'Avare** ou Hyacinthe reconnue par son père dans **Les Fourberies de Scapin**.

F. Cobeau rapproche encore la scène de certains romans picaresques – n'oublions pas que Figaro peut être la déformation paronomique de Picaro ! Comme Figaro, Tom Jones (155) commence sa vie en errant, se laisse conduire par la *« fortune »* et le *« hasard »* *« O suite bizarre d'événements ! pourquoi ces choses et non pas d'autres ? »* (156) Il est reconnu par ses pa-

---

(153) Un mot sur La Mère coupable, Beaumarchais.
(154) Le Mariage de Figaro, Acte III ; scène 16.
(155) **Tom Jones**, Fielding (1749).
(156) Le Mariage de Figaro, Acte V, scène 3.

rents au dénouement bien que sa « tache de naissance » se soit effacée. Enfin rappelons-nous que le motif de la reconnaissance, attendrissant et dramatique à souhait, est déjà chez Diderot – **Le Fils Naturel** – et chez Greuze – **Le père de famille**. C'est le moment où le paraître coïncide enfin avec l'être, le masque avec les vertus, où la « *jeunesse déplorable* » prend fin.

Riche de toutes ces références le langage s'épaissit. Par clin d'œil, la scène prend ses distances avec le théâtre : on en trouve un exemple flagrant dans la déclaration d'amour que fait Figaro à Suzanne déguisée en Comtesse (157) : se mettant à genoux, il parodie les amoureux romantiques dans une mise en abîme du théâtre.

Cette comédie dans la comédie ne peut que nous amener à rire de la situation ! Ailleurs on retrouve ce comique d'imitation soit dans la scène de dépit amoureux (158), d'usage, où les fiancés risquent de compromettre leur bonheur par amour propre (et l'on pense à Valère-Marianne dans **Tartuffe** (159), soit dans l'altercation entre jardinier et valet qui rappelle les scènes typiques de la comédie latine ou italienne : couple de l'esclave et du parasite se disputant en présence de leur « Zeno », ou algarade entre Zannis – la référence ici amène nombre d'éléments de farce, jeu de brefs aparté, ivresse de parlure d'Antonio, réparties salaces : « *boire sans soif et faire l'amour en tout temps, Madame, il n'y a que ça qui nous distingue des autre bêtes* » (160) – soit, pour prendre un exemple dans **Le Barbier de Séville**, dans la scène de séduction sous ce balcon et la chute du billet doux, qui nous

---

(157) Le Mariage de Figaro, Acte V, scène 8.
(158) Le Mariage de Figaro, Acte III, scène 18 – elle prépare en symétrie le monologue désespéré de Figaro sous les marronniers (Acte V, scène 3).
(159) Tartuffe, Acte II, scène 4.
(160) Le Mariage de Figaro, Acte II, scène 21.

rappelle le grès jeté par Agnès à Horace, dans **L'école des femmes**. (161)

Ainsi Beaumarchais puise dans les comédies classiques les romans ou les peintures, les motifs de certaines de ses scènes, les agrémentant d'une référence au passé qui ne peut qu'en accroître le comique. A d'autres moments, il va habilement parodier le style tragique afin de conférer à ses scènes une résonance profonde en même temps qu'une distance comique.

Nous l'avons vu, le Comte du **Mariage de Figaro** est un personnage ambigu, un peu extérieur à l'action, il est celui qui appelle à la réflexion, au recul face à l'intrigue. Aussi est-il très habile de la part de Beaumarchais de lui faire vivre une scène aux accents de tragédie classique... (162) La Comtesse croit encore Chérubin dans son cabinet, prise dans un écheveau de contradictions, elle s'accroche au mot « *du trouble pour ma cameriste ?* » devant l'obstination furieuse de son époux « *vêtue ou non je la verrai* », elle va jusqu'à employer les propres vocables de Phèdre avouant à Oenone son amour pour Hippolyte.

Phèdre : « *A ce nom fatal je tremble, je frissonne... ; Qui ?... tu connais ce fils de l'Amazone... Hippolyte ? Grands Dieux !...* » (163)

La Comtesse : « *A peine osé-je le nommer !... Grands Dieux !... ; ce jeune... Chérubin...* »

L'aspect incestueux du rapport de Chérubin et la Comtesse rend le rapprochement encore plus plausible. De manière remarquable le pastiche du langage dans la tragédie est à la fois assez perceptible pour faire sourire mais toujours assez léger

---

(161) Acte III, sc. 4 « ...de la fenêtre / Agnès m'a confirmé le retour de ce maître / en me chassant de là d'un ton plein de fierté / accompagné d'un grès que sa main a jeté. »

(162) Le Mariage de Figaro, Acte II, scène 16.

(163) Phèdre – Racine.

pour que subsiste l'émotion. Par ce procédé de théâtre dans le théâtre, Beaumarchais mêle adroitement drame et comédie. Le public sachant Suzanne dans le cabinet savoure le dédoublement de la scène : pathétique pour les protagonistes, elle présente pour les spectateurs maints aspects de fine comédie et ne fait que mettre en valeur la parodie de style tragique décalée par rapport à la situation globale.

Beaumarchais a su extraire des mots leur force comique en utilisant la variété de leur charge référentielle : ils nous portent à rire par ce qu'ils disent et par ce qu'ils ne disent pas, par ce qu'ils véhiculent d'autorité passée aussi. La gaieté naît alors autant d'un comique de farce direct et spontané que d'un comique plus subtil, qui prend ses racines dans la culture du spectateur. De cette savante alternance vient le rire qui saura encore s'appuyer sur le rythme des phrases et leur structure.

LA STRUCTURE DES PHRASES : LA CONSTRUCTION COMIQUE

Dans la Trilogie, les phénomènes de « répétition » au sens large, pourraient bien encore être une des caractéristiques de l'écriture gaie de Beaumarchais. Les accumulations visent l'efficacité, mais aussi le rire.

Les accumulations

Le principe de l'accumulation, c'est à dire la répétition d'un mot, d'un groupe de mots ou d'une proposition, crée un effet de dynamisme. Peu importe alors le sens des mots qui s'accumulent : plus leur apparente incompatibilité est grande, plus la juxtaposition crée la surprise et fait rire. Beaumarchais saura tirer de ce procédé toute son ampleur en l'exploitant à toutes les échelles. Il accumule les adjectifs : Figaro définira ainsi Bartholo : *« C'est un beau, gros, court, jeune vieillard,*

gris pommelé, rusé, rasé, blasé... » (164) jouant d'assonances
« *gros, beau* », d'oxymore « *jeune vieillard* », de paronomase
« *rusé, rasé* » et de consonances riches « *rasé, blasé* » pour
lier sa suite d'adjectifs.

L'énumération paraît déjà longue, pourtant les manuscrits
prouvent que l'auteur se bride : ses premiers jets tendaient à
« *accumuler les accumulations* » dénonce Conesa. On trouvait ainsi, avant correction, une toute autre définition du
vieillard : « *C'est un beau, gros, court, jeune vieillard, gris
pommelé [razé], rusé, blasé [majeur s'il en fut. Libre une seconde fois par veuvage et tout frais émoulu de coquardise, encore veut-il retâter le galant. Mais bien l'animal le plus
cauteleux (...) un vieux bouquin (plus à la vérité toujours bou-
tonné) razé, frisque et guerdonné comme amoureux en bap-
tême à la vérité. Mais ridé, chassieux, jaloux, sottin, goûteux,
marmiteux] qui tousse, et crache et gronde et geint tour à tour
(...)* (165). Beaumarchais supprime les allusions trop imagées,
garde ce qui est le meilleur au niveau des sonorités – absence
d'allitérations riches dans les derniers adjectifs – et supprime
l'accumulation verbale finale qui se surajoutait à l'effet comique d'énumération.

Il accumule les noms : les ennemis des gens de lettres sont
ainsi répertoriés : « *tirés au mépris où ce risible acharnement
les conduit, tous les insectes, les moustiques, les cousins, les
critiques, les maringouins, les envieux, les feuillistes, les libraires, les censeur, et tout ce qui s'attache à la peau des malheureux gens de lettres, achevaient de déchiqueter...* » (166).
Il se plaît alors à associer animaux et humains dans une suite
sonore, où les mots se choisissent d'après les précédents, phonétiquement (les moustiques – les cousins – les critiques) ; ou

---

(164) Le Barbier de Séville, Acte I, scène 4.
(165) Manuscrit F2 Arnould. La partie entre [/] est biffée sur le manuscrit.
(166) Le Barbier de Séville, Acte I, scène 2.

par associations d'idées : maringouins (une sorte de moustique des pays chauds) reprend ainsi le thème des insectes, tout en appelant celui des « *critiques* » et « *censeurs* » par son allusion au censeur Marin auquel Beaumarchais avait eu à démêler lors de l'affaire Goëzman (167). Bartholo, de même, juge son siècle : « *Qu'a-t-il produit pour qu'on le loue ? Sottises de toute espèce : la liberté de penser, l'attraction, l'électricité, le tolérantisme, l'inoculation, le quinquina, l'encyclopédie et les drames.* » (168) La juxtaposition de termes médicaux, scientifiques, littéraires, moraux crée le rire et l'étonnement. Ailleurs, l'accumulation est biffée au profit d'un rythme ternaire plus sobre. Étudions pour cela le curieux cheminement de la réplique de Figaro parlant de ses « *médecines de cheval qui n'ont pas laissé de guérir* » (169) :

« *certaines gens* » en 1773
« *des Galiciens, des Catalans* » en 1774
« *des Galiciens, des Catalans, des Auvergnats* » en 1775
« *des Galiciens, des Catalans, des Auvergnats, des Allemands, des Écossais (des Maures)* » en 1775 (version en cinq actes).

L'évolution du « *certaines gens* », premier, vers une nomination des peuples, va dans le sens de la personnalisation du langage dramatique de Beaumarchais ; mais notons surtout son hésitation pour la version en cinq actes qui souligne son goût du procédé d'accumulation et son choix définitif d'efficacité : l'accumulation de trois éléments suffit à faire rire.

Beaumarchais accumule aussi les prénoms : la version en cinq actes du **Barbier de Séville** instaurait en effet une scène où le bachelier déguisé oubliait le nom d'Alonzo sous lequel il s'était d'abord présenté à Bartholo. Il tentait alors dans un jeu comique de retrouver ce prénom. S'en tirant finalement par

(167) Notons que le mot a été ajouté en 1775, après l'affaire Goëzman !
(168) Le Barbier de Séville, Acte I, scène 3.
(169) Le Barbier de Séville, Acte I, scène 2.

une habile pirouette, il donnait à Bartholo son « *véritable* »
faux-nom.

L'accumulation comique des prénoms qui avait donc dis-
paru dans la version en quatre actes se retrouvera métamor-
phosée dans **Le Mariage de Figaro** dans la scène du procès
(170) : Double main : « *noble, très noble, infiniment noble,*
don Pedro George, hidalgo, baron de Los Altos, y Montes
Fieros, y Otros Montes ; contre Alonzo Calderon, jeune au-
teur dramatique... » et Beaumarchais joue du contraste entre
le déferlement de noms et prénoms du noble et la dénomina-
tion brève de « l'auteur ». Ce n'est pas un hasard ! Contraste
qu'il reprend avec drôlerie dans l'affaire de Marceline : « *Barbe-*
Agon-Raab-Magdelaine-Nicole-Marceline de Verte-Allure,
fille majeure ; contre Figaro... » (171)

A d'autres moments, il accumule les verbes et participes :
Figaro retrace ainsi sa vie : « *Voyant à Madrid (...) ; fatigué*
d'écrire, ennuyé de moi, dégoûté des autres, abîmé de dettes
et léger d'argent ; à la fin convaincu (...) j'ai quitté Madrid ;
et (...) parcourant philosophiquement (...) ; accueilli dans une
ville, emprisonné dans l'autre (...) ; loué par ceux-ci, blâmé
par ceux-là ; aidant au bon temps, supportant le mauvais, me
moquant des sots, bravant les méchants, riant de ma misère
et faisant la barbe (...) ; vous me voyez enfin établi (...) et prêt
à servir (...) » (172) L'accumulation alors s'affine d'antithèses
« *accueilli / emprisonné* », « *blâmé / loué* », « *aidant / sup-*
portant » et profite des assonances en [é] et [an] créées par les
participes. Plus loin, ce sont les complétives finales qui se multiplient. Suzanne souffletant Figaro « *pour (ses) soupçons,*
pour (ses) vengeances, et pour (ses) trahisons, (ses) expé-
dients, (ses) injures, (ses) projets. » (173)

----

(170) Le Mariage de Figaro, Acte III, scène 15.
(171) Le Mariage de Figaro, Acte III, scène 15.
(172) Le Barbier de Séville, Acte I, scène 2.
(173) Le Mariage de Figaro, Acte V, scène 8.

Enfin, le procédé d'accumulation trouve peut-être son extrême expression dans l'écriture même des pièces à rebondissements inattendus. Le Comte en est parfois suffoqué qui s'interroge *« jouons nous une comédie ? »* (174) devant l'aplomb de Figaro à enchaîner les intrigues. Et Beaumarchais ne s'en cache pas, revendique au contraire ses intrigues à sursauts : *« ce qui met, selon moi, de l'intérêt jusqu'au dernier mot dans une pièce, est l'accumulement successif de tous les genres d'inquiétude que l'auteur sait verser dans l'âme du spectateur pour l'en sortir après d'une manière inattendue. »* (175) Beaumarchais a bien une « conception quantitative de l'intrigue qui vise l'accumulation » dira Conesa.

C'est là sans doute un des secrets de l'extrême gaieté, du grand dynamisme et du rythme enjoué de ses pièces. L'intrigue s'y noue et s'y dénoue *« comme par magie »*, avec *« virtuosité »* l'auteur *« sait faire surgir, agir, réagir, apparaître et disparaître ses personnages »* (176), reconnaît Jouvet qui a bien compris l'efficacité du procédé d'accumulation et a su l'exploiter pour définir Beaumarchais dans un style imitatif séduisant : *« Horloger, musicien, chansonnier, dramaturge, auteur comique, homme de plaisir, homme de cœur, homme d'affaire, financier, manufacturier, éditeur, armateur, fournisseur, agent secret, négociateur, publiciste, tribun par occasion, homme de paix par goût, et cependant plaideur éternel. »* (177)

Si l'accumulation est déjà un procédé fondé sur la multiplication d'un thème, voyons comment Beaumarchais a profité en maître, du plus classique « comique de répétition ».

---

(174) Le Mariage de Figaro, Acte IV, scène 6.
(175) Lettre à M. Martineau, du 14 Messidor, an V ; citée par Conesa (p. 147).
(176) et (177) In L. Jouvet, **Beaumarchais vu par un comédien**, Revue universelle, Paris, 1936.

Les répétitions

Beaumarchais a conscience de la force comique du phénomène de répétition ; qu'il concerne gestes ou mots, il le sait efficace et peu coûteux car il suffit que le mot ou le geste soit bien trouvé pour que dans sa simplicité même il fasse rire. Ainsi, la scène de la Jeunesse et l'Éveillé (178) est savamment dosée : comique de caractère, comique de situation et comique de répétition devaient se mêler dans un respect de l'équilibre et de l'harmonie. Beaumarchais confie à chaque « *Zannis* » un geste unique, à priori anodin mais que la répétition systématique rend fort : le « *Ah, aah* » de l'Éveillé qui scande ses fins de répliques alterne musicalement avec les éternuements de la Jeunesse. Le duo est irrésistible. Dans le même ordre d'idée, dans la séquence finale (179) du **Mariage de Figaro**, Beaumarchais exploite doublement le comique de répétition en accumulant les réapparitions en cascade des personnages sortant des pavillons et en ponctuant chacune d'elles, à contre-temps, du hennissement mécanique de Bazile « *Ha ! Ha !* ». Régulièrement émises, quelques syllabes suffisent.

De même, aux difficultés d'élocution déjà risibles de Brid'oison, Beaumarchais ajoute l'anaphore de son « *J'en-entends* » qui débute chacune de ses prises de parole, rappelant par le double sens du mot, auditif et intellectuel, la bêtise du locuteur.

Le comique de répétition est une caractéristique bien ancrée dans la dramaturgie de Beaumarchais : on le trouve dès les premiers brouillons du **Barbier de Séville**. Exemple la scène 1 du premier acte (180) : Figaro définit Bartholo au Comte :

Figaro : « *un bamboche !* »
Le Comte : « *tant mieux !* »

---

(178) Le Barbier de Séville, Acte II, scène 6.
(179) Le Mariage de Figaro, Acte V, scènes 10 à 19.
(180) Fragment de la C.F.

Figaro : « *oui il en sera meilleur à tromper, n'est-ce pas* ? »
Le Comte : « son âge ? »
Figaro : « *60 ans* »
Le Comte : « *Tant mieux* »
Figaro : « *sans doute. Moins l'argus a de jeunesse, plus
celle de l'amant devient piquante...* »
Le Comte : « *ses moyens de plaire* ? »
Figaro : « *nuls* »
Le Comte : « *tant mieux encore* ».
Le comique de répétition tient alors à la redite ternaire du même terme mais également à la construction toute rhétorique dans l'alternance des répliques. Il s'agit d'un sorte de jeu mathématique : Figaro définit le barbon, le Comte part d'un « *tant mieux* » soulagé ; Figaro commente le « *tant mieux* » ; le Comte pose une nouvelle question avide. C'est de la régularité du procédé, du respect de la structure, que naît le comique.

Si Beaumarchais aime à faire répéter un mot ou un exclamation à ses personnages – ressort efficace du rire –, il étend le procédé à la composition, au schéma d'une réplique entière, voir d'une pièce. On trouve ainsi quelques tirades qui tirent leur effet d'une mécanique d'écriture bien réglée. Une même construction sert de module à tout le développement de « *Goddam* » (181) : à une protase en forme d'interrogation rhétorique – qui exprime avec concision chaque nouvelle hypothèse – vient se juxtaposer une apodose à l'impératif : « *Voulez vous tâter... : entrez dans une taverne...* » Figaro mime alors un geste immanquablement ponctué de son « *Goddam* » magique.

Variant les mots, multipliant détails singuliers, pittoresques et truculents, dans une même structure, Beaumarchais lie adroitement comique de mots, de gestes et de répétition dans un mouvement tout théâtral. Enfin, ce parallélisme peut être poussé

---

(181) Le Mariage de Figaro, Acte III, scène 5.

jusque dans les didascalies et les sonorités. Un cas fameux :
la dispute de Suzanne et Marceline (182) de l'acte I. Artifices
conjoints du style (la répétition du « *madame* ») et du jeu (les
mutuelles « *révérences* ») sont d'une remarquable efficacité.
Comme dans la scène de la Jeunesse et de l'Éveillé (183), l'alternance sons/gestes qui rythme l'échange est forte.

A l'échelle de la pièce, on trouve ces procédés de répétition : le Comte découvrant Chérubin chez Suzanne dans un
geste symétrique à celui qui le lui avait fait découvrir chez
Fanchette (184) « *ce tour-ci vaut bien l'autre !* » ou Bartholo
appliquant la méthode « *il m'a montré, sans le vouloir, l'usage
que j'en dois faire auprès d'elle* » (185) que lui avait soufflé
Lindor, mot pour mot : « *nous lui montrerons sa lettre, et s'il
le faut, j'irai jusqu'à lui dire que je la tiens d'une femme à qui
le Comte l'a sacrifiée. Vous sentez que le trouble, la honte, le
dépit, peuvent la porter sur le champ...* » (186) Rosine jouant
la scène (187) telle qu'elle avait été décrite plus haut : le trouble :
« *(étonnée) : Au Comte Almaviva !...* », la honte : « *(accablée) :
quelle horreur !... quoi ! Lindor !...* » le dépit : « *(outrée) :
Ah ! quelle indignité ! il en sera puni* » la conduit sur le champ
à accepter le mariage « *Monsieur, vous avez désiré de m'épouser... je suis à vous.* »

Accumulations, répétitions, jeux de mots et situations far-
cesques donnent un ton de « franche gaieté » au théâtre de
Beaumarchais. Son langage dramatique s'appuie sur la stylisation du réel, et se singularise en enrichissant les formes classiques en les rendant vivantes et presque « naturelles ».
L'écriture dans son travail précis, sa recherche esthétique re-

---

(182) Le Mariage de Figaro, Acte I, scène 6.
(183) Le Barbier de Séville, Acte II, scène 6.
(184) Le Mariage de Figaro, Acte I, scène 9.
(185) Le Barbier de Séville, Acte IV, scène 1.
(186) Le Barbier de Séville, Acte III, scène 2.
(187) Le Barbier de Séville, Acte IV, scène 5.

trouve les résonances de la vie. Beaumarchais a su inventer un langage pluriel, utilisant la richesse des ressources stylistiques, avec une élégance qui nous fait croire à la simplicité. Cette écriture, qui accepte certains effets très théâtraux (quiproquos, répétitions...) vit et obtient une immédiateté, une efficacité évidentes. La pierre angulaire du langage dramatique est sans doute la concentration des effets, leur variété. Figaro porte bien l'édifice sur ses épaules, passant de l'ironie gouailleuse à une verve plaisamment didactique, mêlant les maximes réfléchies à un vocabulaire familier, les tons exclamatifs aux hypotyposes, les tons emphatiques et les répliques laconiques... Son débit étourdissant, sa finesse d'esprit et sa rhétorique composite engendrent un rythme gai, certes, mais encore musical. Chaque personnage pourrait bien aussi suivre, dans cette Trilogie, la partition d'une symphonie langagière.

CHAPITRE 3

LA SYMPHONIE LANGAGIÈRE

A. Le mot, objet d'art

B. De grands mouvements musicaux

C. Des alternances toutes rythmiques

LA SYMPHONIE LANGAGIÈRE

« ... amoureux de la liberté, Beaumarchais
ne songeait plus qu'à jouir de ses propres talents,
à cultiver l'amitié, la musique, et le théâtre (...)
il formait déjà des projets pour agrandir le genre
dramatique, pour donner à la scène plus de
vérité, de variété, d'intérêt. Mais comme il aimait
beaucoup la musique, il voulait aussi essayer
d'en faire au théâtre un nouvel emploi. »
Gudin. Œuvre VII, 229.

Beaumarchais est un excellent musicien. Professeur de harpe à la Cour, il compose à l'occasion, maîtrise parfaitement les effets de tempo, de rythme et de nombre.

On sait que **Le Barbier de Séville** fut à l'origine un opéra comique destiné aux italiens. Refusé par ceux-là il deviendra la comédie que l'on connaît. Dans sa **Lettre modérée sur la critique et la chute du Barbier de Séville**, Beaumarchais réfléchit sur le rôle de la musique au théâtre. *« Notre musique dramatique ressemble trop encore à notre musique chanson- nière pour en attendre un véritable intérêt ou de la gaieté franche. Il faudra commencer à l'employer sérieusement au théâtre... Quand nos musiciens se rapprocheront de la na- ture... »*. Où le poète *« se tue à serrer l'événement »*, la mu- sique le *« délaye »* ; où il tente de *« rendre son style énergique et pressé »*, la musique *« l'ensevelit sous d'inutiles fredons »*. Beaumarchais va pourtant chercher à donner à la musique une nouvelle place. Avec lui elle devient accompagnatrice et se calque sur l'écriture, sans redondance ni rabâchage.

Sa démarche vise à placer le langage au centre du théâtre, à l'enrichir d'une fonction esthétique et ludique. Une pièce c'est une intrigue, mais c'est aussi des mots. Pour Beaumarchais écrire, c'est se faire plaisir, jouer de signes lexicaux comme de notes ou de couleurs, dans une soif de création artistique, au sens plein. Est-ce la raison de la si grande musicalité intime de ses pièces et de ses comédies particulièrement ? La musique y respire dans des chants « *La précaution inutile* » (1) ou la « *Seguédille* » (2), mais surtout dans les mots. Dialogues rapides, interruptions brusques, tirades dans lesquelles les êtres prennent de la distance par rapport à une action rapide où le moi se dissout : tout confère à donner aux pièces un « tempo existentiel » dans lequel, comme à l'opéra, les airs alternent avec les récitatifs.

Beaumarchais a bien trouvé une nouvelle dimension au théâtre. Le mot, objet d'art, s'y glisse dans de grands mouvements musicaux selon des alternances toutes rythmiques.

---

(1) Le Barbier de Séville.
(2) Le Mariage de Figaro, Acte II, scène 23.

A. Le mot, objet d'art

*« Figaro n'est pas un intrigant, mais un phraseur ;
ce n'est pas un caractère, mais une machine à mots. »*
SARCEY.

Dans la Trilogie, le mot est revalorisé ; la fantaisie verbale dont use Beaumarchais témoigne de son goût du jeu et de son énorme joie d'écrire. Parce qu'il pense toujours au spectateur, il affectionne les effets dynamiques, qui retiennent son attention, et s'attache davantage au « jeu verbal » qu'au tissu de péripéties dont il néglige parfois la vraisemblance. Les jeux verbaux ne sont pas comme le pense Jacques Schérer « des instruments de facilité (qui) produisent la détente nécessaire. » (3) Ils revêtent au contraire comme le souligne Conesa « une fonction première, car ils sont une fin en soi (...) Seul est recherché le plaisir intellectuel d'un effet éphémère » (4). Ce qui justifie sa désinvolture à recourir à certains artifices d'articulation grossiers. Ce sont les effets, le rythme et parfois les sonorités qui priment.

LA FORCE DES SONORITÉS

Chez Beaumarchais, les personnages ne plaignent pas les mots. S'ils savent en utiliser la force ironique ou dénonciatrice, ils savent aussi jouer avec leur constitution phonétique. Dans l'enchaînement des répliques ou au sein d'une même prise de parole, chaque mot semble appeler le suivant, comme par un écho sonore et esthétique.

---

(3) **La dramaturgie de Beaumarchais**, J. Schérer, p. 154.
(4) **La Trilogie de Beaumarchais**, G. Conesa, p. 165.

Dans l'enchaînement des répliques :
l'art du fondu enchaîné

Dans les scènes vives et pressées, le spectateur a souvent l'impression d'être pris dans un tourbillon dans lequel les vocables semblent se répondre, les syllabes se répéter. Beaumarchais fait souvent « rimer » les répliques des interlocuteurs, comme si ceux-ci, imbibés des sonorités entendues calquaient leurs discours sur la réplique précédente. On trouve alors des sortes de « fondus enchaînés » : l'effet phonique lie deux répliques au moyen d'un son filé :

L'Éveillé : « *j'étais ah, ah, ah...* »
Bartholo : « *à machiner...* » (5)

Un des « musiciens » s'appuie alors sur la note de l'autre pour commencer son propre morceau. A d'autres moments le procédé est amélioré :

Le Comte : « *tu es son locataire ?* »
Figaro : « *De plus, son barbier, son chirurgien, son apothicaire : il ne se donne pas dans la maison un coup de rasoir, de lancette ou de piston qui ne soit de la main votre serviteur.* »
Le Comte : « *Ah ! Figaro, mon ami, tu seras mon ange, mon libérateur, mon dieu tutélaire !* » (6)

Le son [**aire**] proposé par le Comte *(« locataire »)* est repris par Figaro qui le met en valeur en clôture de son rythme ternaire *(« apothicaire »)* – notons au passage le phénomène rythmique d'élargissement syllabique 2/3/4. Il se retrouve enfin dans la bouche du maître *(« tutélaire »)*. De plus à l'intérieur de ce schéma sonore de reprise, une seconde note se développe que s'échangent les personnages, comme dans un jeu d'arpèges : « *Serviteur* », proposé par Figaro est métamorphosé dans la réplique du comte en « *libérateur* », où subsistent les mêmes so-

---

(5) Le Barbier de Séville, Acte II, scène 6.
(6) Le Barbier de Séville, Acte I, scène 4.

norités. La communion des deux êtres qui s'instaure à cette instant de la pièce existe dans les sonorités, que Figaro souligne aussitôt après « *Peste* ! *comme l'utilité vous a bientôt rapproché les distances* !» Les deux joueurs semblent un instant s'accorder sur les tons, sur les mots, les rythmes à adopter.

Ailleurs, ce procédé d'écho sonore peut au contraire souligner les divergences entre les protagonistes : lorsque Bartholo définit Figaro, généreux « *comme un voleur* » et que Marceline corrige « *comme un seigneur* » (7) l'assonance amplifie la différence de conception des deux personnages qui n'acceptent la note finale en [**eur**] que pour mieux mettre en valeur celle qui précède !

Beaumarchais se sert de ses notes répétées en fin de réplique pour capter l'attention des spectateurs et soutenir le rythme, mais surtout pour donner au dialogue son aspect coulé, de flux continu. Là, le procédé se double d'un effet d'isocolie :

Figaro : « *un musicien de guinguette* !»
Bazile : « *un postillon de gazette* !»
(...)
Bazile : « *disant partout que je ne suis qu'un sot* »
Figaro : « *vous me prenez donc pour un écho* ?» (8)
ou
Figaro : « *Mais cependant que...il serait peut-être à propos...* »
Le Comte : « *Monsieur... ; et s'il vous échappe un seul mot...* » (9)
ou ici d'un jeu de paronomase :
Bazile : « *... il n'est pas un chanteur que mon talent n'ait fait briller.* »
Figaro —« *Brailler.* »

---

(7) Le Mariage de Figaro, Acte I, scène 4.
(8) Le Mariage de Figaro, Acte IV, scène 10.
(9) La Mère coupable, Acte I, scène 9.

Ailleurs encore, plusieurs sons sont remaniés par l'interlocuteur qui lie ainsi sa réplique à la précédente avec une ironie fine. Typiques sont les relations entre Figaro et Bégearss :
Figaro : « *Chacun se sert des petits talents que le ciel lui a départis.* »
Bégearss : « *Et l'intrigant compte-t-il gagner beaucoup avec ceux qu'il nous montre ici ?* » (10)
On retrouve les mêmes sonorités, les [s] sifflants d'ironie, les [k] cassants et les [i] piquants. La mélodie des phrases est bien alors mimétique de la haine réciproque des personnages.

Enfin, plus simplement, l'écho sonore est un moyen de lier les répliques, de créer une complicité d'un instant entre les protagonistes : qu'il s'agisse de Rosine interrogeant Figaro :
Rosine : « *... cette personne est... ?* »
Figaro : « *Je ne l'ai point nommée ?* »
Rosine : « *C'est la seule chose que vous ayez oubliée...* » (11)
ou du comte ordonnant à Pédrille :
Le Comte : « *on ne t'a pas vu ?* »
Pédrille : « *âme qui vive...* »
Le Comte : « *... surtout depuis quel temps.* »
Pédrille : « *j'entends* » (12).

Il est important mais aussi amusant de constater ici le redoublement de la sonorité reprise par Pédrille, comme par soumission et désir de bien faire.

Les répliques de la Trilogie s'enchaînent souvent en pivotant sur un son, une syllabe. Comme dans une symphonie, on entend quelques notes récurrentes dans les différentes partitions. Mais au sein même des répliques, Beaumarchais use encore de ce procédé d'écho pour donner à certaines phrases une musicalité singulière.

---

(10) La Mère coupable, Acte IV, scène 2.
(11) Le Barbier de Séville, Acte II, scène 2.
(12) Le Mariage de Figaro, Acte III, scène 3.

Au sein des prises de parole

A l'intérieur des prises de paroles des personnages, Beaumarchais introduit des phénomènes d'assonances et d'allitérations qui rythment les assertions, soit de manière ponctuelle – récurrence d'un son – soit de façon construite – liaison des sonorités entre elles.

Les personnages se laissent parfois aller, comme des enfants, au goût des « rimes », des finales identiques. Ainsi, le barbon furieux d'être descendu chercher la « *chanson* » de Rosine se désole : « *Bartholo, vous n'êtes qu'un sot...* » (13). Mais plus souvent la récurrence d'une syllabe, dans les répliques, traduit un état intérieur. Les sons trahissent ce que le sens des mots veut cacher. Exemple : Lorsque la Comtesse, seule à seule avec Chérubin tente de dissimuler son trouble en observant le brevet d'officier du page : « *Ils se sont tant pressés, qu'ils ont oublié d'y mettre un cachet* » (14). Les sifflantes répétitives et le triple [e] démentent la feinte sérénité de la jeune femme et disent bien plutôt son agacement face à la rapidité d'exécution de son mari.

De la même manière, il est intéressant de constater la variation de sonorités chez un personnage selon son humeur. Deux longues répliques du Comte dans **La Mère coupable** démontrent bien ce changement : l'une juxtapose fricatives [r], [v] et [f], occlusives [k] et voyelles fermées [i], [é] et [u] « *les misérables femmes (...) elles vont, elles vont... les affronts s'accumulent... et le monde injuste et léger accuse un père... qui dévore en secret ses peines (...). Nos désordres, à nous, ne leur enlèvent presque rien : ne peuvent (...) leur ravir la certitude d'être mère (...). Tandis que leur moindre caprice (...) une étourderie légère détruit dans l'homme le bonheur (...)* » (15). Les sons trahissent alors la colère sèche de l'homme aigri.

---

(13) Le Barbier de Séville, Acte I, scène 3.
(14) Le Mariage de Figaro, Acte II, scène 5.
(15) La Mère coupable, Acte II, scène 2.

La seconde alterne nasales [m] [n], liquides [l] et voyelles ouvertes [a], [o], [oi] et [e] « *Occupé de toi mon enfant ! Ma
fille ! Ah ! Je me plais à te donner ce nom ; car j'ai pris soin
de ton enfance. Le mari de ta mère était fort dérangé ; en
mourant il ne laissa rien. Elle-même, en quittant la vie, t'a
recommandée à mes soins. Je lui engageais ma parole...* »
(16) Les sonorités chaudes sont concentrées dans cette déclaration de protection tendre à sa fille. En l'espace de quelques
répliques, le Comte change ainsi totalement de partition musicale, abandonnant le rythme heurté de la froideur pour une
expression douce de ses sentiments paternels, se divisant en
deux tirades aux inflexions internes très différentes.

Beaumarchais donne une dynamique musicale à ses répliques dans la mesure où il joue des voyelles et consonnes
comme de notes, dosées dans une recherche d'harmonie. Ici,
le procédé sonore sert la psychologie ; là, l'esthétique du langage dramatique. Les sons peuvent alors pétiller, se renvoyant
les uns aux autres dans des rebonds travaillés.

L'accumulation, si elle sert l'efficacité, est aussi le lieu
d'une recherche phonétique étonnante ; les mots s'appellent
entre eux par des phénomènes de glissement : Figaro décrit
Bartholo « *rusé, rasé, blasé, qui guette, furette, et gronde...* »
(17). Les adjectifs découlent les uns des autres : par un procédé paronomique on glisse de « *rusé* » à « *rasé* » puis de
« *rasé* » à « *blasé* ». A chaque fois une seule syllabe change,
ce qui conserve l'harmonie. Pour les verbes, le procédé est comparable : une seule syllabe est sauvegardée qui va relier les
deux termes juxtaposés (« *guette/furette* » – « *furette/gronde* ».)
Le même procédé est très fréquent, qui permet de souder des
termes, uniquement par leur consonances.

On le retrouve par exemple dans le **Mariage** où Figaro
définit la foule : « *On se presse, on pousse, on coudoie, on*

---

(16) La Mère coupable, Acte II, scène 3.
(17) Le Barbier de Séville, Acte I, scène 4.

renverse » (18). Le lien fort « *presse, pousse* » permet ensuite un effet de chiasme : à « *presse* » répond « *renverse* », à « *pousse* », « *coudoie* ». Les quatre termes sont unis par cet effet sonore qui s'ajoute à un jeu rythmique binaire croissant (2/2/3/3). Beaumarchais justifie ces liaisons en les donnant pour « naturelles ». Ainsi, fait-il buter sur les mots Suzanne qui tâtonne comme précédemment, mais volontairement et de manière ludique : « *voilà donc ce que la bosselle... la courbelle... la cornette du cheval... je n'entends rien à tous ces noms là* » (19). Les sonorités sont musicales et l'auteur sait bien jouer de la ressemblance des mots « *soyez amis, soyez amants* » (20). Il sait aussi jouer de leur opposition « *Figaro... un bon parent ! Ah ! voilà mon tyran...* » (21) et les associer habilement dans des isocolies rimées.

Peu poétiques et pauvres dans **La Mère Coupable**,

Figaro : « *Viens à six heures au cabinet,* (8/8)

c'est le plus sûr pour nous parler

je brusque tout dehors (5/5)

et je rentre en sueur » (22).

elles sont mieux amenées dans **Le Mariage de Figaro** :

« *Le père n'est pas satisfait* (7/8)

la fille a été souffletée (...)

Chérubin ! Chérubin ! (6/8)

Vous lui causerez des chagrins ». (23)

---

(18) Le Mariage de Figaro, Acte III, scène 5.

(19) Le Mariage de Figaro, Acte II, scène 6. On pourrait ici faire, de même, allusion au jeu sur les prénoms « Bartholo, barbe à l'eau, Alonzo, Palezo » qui relève de ce même goût du jeu verbal sur les sonorités.

(20) Le Mariage de Figaro, Acte III, scène 8.

(21) Le Barbier de Séville, Acte II, scène 3.

(22) La Mère coupable, Acte IV, scène 1.

(23) Le Mariage de Figaro, Acte I, scène 11.

La diversité des timbres est alors supportée et mise en valeur par des jeux rythmiques qui concourent, eux aussi, à donner au texte sa « musicalité », son dynamisme enjoué.

LA RECHERCHE DU RYTHME

> « *Un texte se respire...* »
> Beaumarchais

Beaumarchais parlait de ses textes comme de partitions et était très sensible aux rythmes. On voit, à travers ses manuscrits, son permanent désir de les améliorer. Aussi, nous réalisons l'importance de l'alternance des tempo de ses scènes (24) et du travail des phases de repos et des phases d'accélération ; de ces solos et ces duos qui viennent un instant remplacer l'orchestre pour que s'élève une musique nouvelle, qui ne repose plus sur le mouvement ternaire ou sur les jeux d'échos si savamment exploités.

Ponctuations musicales : apartés et stichomythies

Beaumarchais aime le procédé de l'aparté qui lui permet de laisser se dérouler à intervalles réguliers, en sourdine, un thème mineur qui contribue au charme de la symphonie langagière. Les deux temps de l'aparté et du dialogue se croisent, s'entrecroisent dans un rythme alterné. Ainsi naît une écriture double, avec d'un côté la mélodie, de l'autre le contrepoint. Reprenons notre exemple révélateur de la scène entre le Comte et Figaro (25) : trois couples d'apartés symétriques rythment la scène et en ponctuent les mouvements. Une première phase : Le Comte (à part) : « *Je m'emporte, et nuis à ce que je veux savoir.* » Figaro (à part) : « *Voyons-le venir et jouons serré* »

---

(24) Voir **Des alternances toutes rythmiques**.
(25) Le Mariage de Figaro, Acte III, scène 5.

provoque une première péripétie : Le Comte (à part) : « *il veut venir à Londres, elle n'a pas parlé* » Figaro (à part) : « *Il croit que je ne sais rien, travaillons-le un peu dans son genre* ». Vient la seconde phase de badinage et la seconde péripétie : Le Comte (à part) : « *Il veut rester. J'entends... Suzanne m'a trahi.* » Figaro (à part) : « *Je l'enfile et le paye en sa monnaie.* » Puis, la scène se clôt sur le dernier couple d'aparté, l'un inquiétant, l'autre incertain : Le Comte (à part) : « *Je vois qu'on lui a tout dit. Il épousera la duègne.* » Figaro à part : « *Il a joué au plus fin avec moi ; qu'a-t-il appris ?* »

Les apartés, ici, sont bien des motifs secondaires qui se superposent régulièrement au thème principal. Nous sommes d'accord avec Larthomas qui compare l'aparté « par rapport au reste du texte » au « rôle que joue, dans l'opéra de Mozart, l'accompagnement musical par rapport au chant.» (26)

De la même manière, inversée, la stichomythie ponctue, elle aussi, le dialogue. Si l'on compare avec une symphonie, on se trouve devant un temps de repos de l'orchestre qui laisse place à un duo rapide, léger et dynamique. La scène de joute oratoire entre Bazile et Figaro est en cela particulière : Bartholo ayant lancé le mot « *amis* » qui, dans la situation, fait antiphrase, est aussitôt interrompu. Contrastant avec le bégaiement du juge, le dialogue s'emballe. Par des ellipses, des sous-entendus, les répliques s'enchaînent sur un rythme endiablé où les accents toniques se multiplient. Les invectives jouent de parallélismes, leur verve est renforcée par la didascalie systématique « *vite* » qui confère à l'échange un caractère d'accélération qu'affirme encore le decrescendo des assertions :

Figaro : « *Parce qu'il fait de plats airs de chapelle ?* »
Bazile : « *et, lui, des vers comme un journal ?* »
Figaro : « *un musicien de guinguette !* »

---

(26) **Le langage dramatique**, P. Larthomas, p. 382.

Bazile : « *un postillon de gazette !* »
Figaro : « *cuistre d'oratorio !* »
Bazile : « *jockey diplomatique !* » (27)
Beaumarchais a bien conscience de la « musique » de cette
scène, qui la fait suivre d'une reprise de l'orchestre entier :
Tous ensemble – « *Il est trouvé* »
Tous ensemble – « *et le voici* » (28)
Tous ensemble – « *vivat* » (29)
Aparté ou stichomythies sont deux moyens de ponctuer
le dialogue musical, scandé méthodiquement par les rythmes
ternaires et les échos.

La trame du rythme ternaire

Beaumarchais n'est pas le seul à avoir utilisé le rythme
ternaire à son époque ; pourtant son mérite vient de ce qu'il a
su en sentir tant l'efficacité que la beauté et en faire un usage
constant et varié.

Il revêt des formes simples « *soyez soumis, honnête et
brave* » (30) qui s'enrichissent souvent de jeux sonores « *...
vous aurez bientôt (...) une bonne femme pour vous tromper,
de bons amis pour vous la souffler, et de bons valets pour les
y aider* » (31). Le parallélisme de construction se double alors
d'une ponctuation musicale ternaire [on], [ou], [e]. Parfois, le
procédé est amélioré par l'allongement progressif des segments, ce que Conesa nomme « ternaire croissant » (32). Ainsi,
Figaro annonçant au Comte qu'il connaît Bartholo « *de plus
son barbier, son chirurgien, son apothicaire...* » (33) (3/4/5)

---

(27) Le Mariage de Figaro, Acte IV, scène 10.
(28) Le Mariage de Figaro, Acte IV, scène 10.
(29) Le Mariage de Figaro, Acte IV, scène 11.
(30) Le Mariage de Figaro, Acte I, scène 10.
(31) Le Barbier de Séville, Acte II, scène 4.
(32) **La Trilogie de Beaumarchais**, G. Conesa.
(33) Le Barbier de Séville, Acte I, scène 4.

et le Comte qui se ravit d'une telle nouvelle sur le même tempo :
« *Tu seras mon ange, mon libérateur, mon dieu tutélaire* » (34)
(2/5/5). Là encore, le jeu des rythmes peut s'allier à celui des
sonorités. Figaro cherche à écrire « *quelque chose de beau, de
brillant, de scintillant* » (35). La position croissante des segments (2/3/4) se double d'un effet d'assonance et d'allitéra-
tion : [**b**] lie « *beau* » et « *brillant* », [**illant**] « brillant » et
« scintillant ».

Enfin, le ternaire profite encore de sa capacité de multiplication : les rythmes s'emboîtent, s'accumulent, jouent de
parallélisme au sein d'une réplique : « *son barbier, son chirurgien, son apothicaire : il ne se donne pas... un coup de rasoir, de lancette, ou de piston...* »(36). Le rythme ternaire,
caractéristique de la mélodie du langage dramatique de
Beaumarchais, crée au sein de la trilogie une unité de ton.
L'aspect dynamique de l'écriture pourrait bien se fonder sur
cet accord musical ternaire. Les jeux d'échos seraient alors des
improvisations vivifiantes et gaies.

Les échos comme improvisations dynamiques

L'un des procédés favoris de Beaumarchais, bien en rapport avec la musique, consiste en la répétition d'un mot ou d'un
thème en écho. Il sait que toute répétition donne un rythme
mais il affine le procédé et le particularise : les mots sont repris par au moins trois personnages dans des occurrences successives, quasi concomitantes ; à chaque emploi, le mot répété
change de sens ou de valeur affective, ce qui évite une plate
redondance. Alors, le vocable répété correspond en musique
à ces reprises « ad libitum » d'une cellule mélodique par les
différents instruments qui en donnent chacun leur interpréta-

---

(34) Le Barbier de Séville, Acte I, scène 4.
(35) Le Barbier de Séville, Acte I, scène 1.
(36) Le Barbier de Séville, Acte I, scène 4.

tion propre. Où le musicien joue des nuances, Beaumarchais propose à ses acteurs d'exercer la richesse de leur intonation dans leur élocution spécifique et variée. Ainsi, l'écho s'enrichit du sentiment, de la sensibilité des interprètes qui sauront exprimer des graduations subtiles, à eux propres.

Le procédé est fréquent, il peut susciter le rire – comme dans **Le Barbier de Séville** où les « *Allez vous coucher* » adressés à Don Bazile (37) sont comiques car chargés d'interprétations très diverses – ; ou l'émotion – comme dans **Le Mariage de Figaro** lors de la reconnaissance de son fils par Marceline. Le mot clé de la situation est ici énoncé clairement par un simple présentatif, dont la valeur déictique fait référence à la situation visible sur scène ; l'écho peut alors advenir :

Bartholo : « *voilà la mère* »

Figaro : « *nourrice... ?* »

Bartholo : « *ta propre mère.* »

Le Comte : « *sa mère !* »

[...]

Le Comte (à part) : « *sa mère !* »

Suzanne : « *vous, sa mère !* » (38)

Le changement des adjectifs possessifs et l'indication d'aparté signalent la volonté de l'auteur d'une modulation des intonations : d'abord ému, le docteur se fait insistant et didactique tandis que le Comte passe de l'ébahissement à la stupeur et que Suzanne, elle, reste dans la stupéfaction.

Le procédé se renouvelle (39), écho à lui-même et, des quatre hommes présents sur scène, trois s'entendent approuver les critiques de Marceline sur le sexe masculin : Figaro jubile avec fierté, avec une gaieté encore lourde de sa joie nouvelle « *elle a raison !* » ; le Comte gêné maugrée « à part » « *que trop*

---

(37) Le Barbier de Séville, Acte III, scène 2.
(38) Le Mariage de Figaro, Acte III, scènes 16 et 18.
(39) Le Mariage de Figaro, Acte III, scène 16.

raison ! ». La phrase musicale est la même, qui passe de bouche en bouche en nuançant ses intonations. De manière très claire, le phénomène est souligné par le bégaiement du juge.

On retrouve le procédé porté à son comble et dénoncé par un des personnages : c'est la fameuse scène des « *ni moi* » et son miroir déformant des « *moi aussi* » :

> La Comtesse : « *Ce ne sera pas moi.* »
> Le Comte : « *ni moi* »
> Figaro (à part) : « *ni moi* »
> Suzanne (à part) : « *ni moi* »
> Le Comte : « *il y a de l'écho ici...* » (40).

Chaque interlocuteur y va de son « *ni moi* », de ses deux notes piquées qui se répondent, se réfléchissent, chargées chacunes de résonances originales.

Parallèlement, on retrouve, dans la scène des « *moi aussi* », le même jeu qui ironise sur le premier :

> Le Comte : « *Il n'y a qu'un pardon bien généreux...* »
> La Comtesse (...) (se relève) : « *je l'accorde sans condition.* »
> Suzanne : « *moi aussi.* »
> Figaro : « *moi aussi, il y a de l'écho ici.* »
> Le Comte : « *De l'écho ! (...) ils m'ont traité comme un enfant !* » (41)

Beaumarchais met en abîme le procédé, le souligne gestuellement par le redressement de chaque personnage. Mais surtout, en faisant reprendre à Figaro la remarque du Comte, textuellement, qui, si elle donne à entendre au Comte que tout son manège de séduction a été surpris, donne surtout à remarquer au spectateur l'habileté d'un dramaturge capable de ménager deux scènes symétriques, aussi typées théâtralement, sans rompre la « vraisemblance » de l'acte !

---

(40) Le Mariage de Figaro, Acte V, scène 7.
(41) Le Mariage de Figaro, Acte V, scène 19.

Ailleurs, on trouve des variantes de ce procédé d'écho :
l'une, reposant surtout sur les sonorités, permet des effets de
subtiles graduations :

. Bartholo : « *Le fat ! c'est un enfant trouvé !* »
Figaro : « *enfant perdu, docteur, ou plutôt enfant volé !* »
Le Comte : « *volé, perdu, la preuve ?* » (42)

L'autre introduit un effet d'antithèse, entre des répliques
concomitantes :

Marceline : « *Ah ! je respire !* »
Figaro : « *et moi, j'étouffe !* »
Le Comte : « *... cela me soulage.* » (43)

ou espacées

Figaro : « *j'ai gagné... j'ai perdu* » (44)

Beaumarchais aime le procédé d'écho qui permet des
contrastes et des symétries. Il l'élargit donc à l'échelle des
scènes. Il ne s'agit plus d'une reprise sonore mais d'une répétition thématique. Comme en musique où certains motifs sont
repris plusieurs fois au cours d'un même morceau,
Beaumarchais construit en parallèle certaines intrigues. On a
ainsi deux scènes de jalousie provoquée par les amants de **La
folle journée** ; l'une provenant de ce que Suzanne surprend
Figaro dans les bras de Marceline, qu'elle ne connaît pas encore comme sa mère ; l'autre de ce que Figaro croit apercevoir
Suzanne se laissant courtiser par le Comte, qui ne baise en réalité que la main de sa propre femme. De même, on aperçoit
cette symétrie dans les déclarations d'amour prononcées sous
les marronniers : le Comte déclarant à la Comtesse déguisée
en Suzanne trouve son double immédiat en Figaro se déclarant à Suzanne déguisée en Comtesse.

Enfin, écho encore dans **Le Mariage de Figaro**, dans la
mise en abîme des thèmes centraux de l'adultère et du mariage

---

(42) Le Mariage de Figaro, Acte III, scène 16.
(43) Le Mariage de Figaro, Acte III, scène 16.
(44) Le Mariage de Figaro, Acte III, scène 15.

dans les intrigues secondaires. Lorsque Fanchette annonce son désir d'épouser Chérubin, c'est le septième mariage dont il est question dans la pièce sans compter les multiples entreprises galantes : après ceux du Comte et de la Comtesse, de Figaro et de Suzanne, de Marceline avec successivement Bartholo, Figaro, et Bazile, sans oublier celui de Brid'oison. Or, à l'exception du projet de Bazile, tous les mariages réels ou envisagés ont un rapport étroit avec l'adultère. Le Comte et la Comtesse son adultères en intention, Marceline et Bartholo sont adultères en acte par leur absence de mariage, Figaro se vante d'avoir été l'amant de la femme de Brid'oison... Les deux désirs opposés se propagent à travers la pièce ; les deux thèmes de fidélité et de tromperie se réfléchissent sans cesse en écho.

Jouant de rythmes ternaires, d'échos, d'apartés et de stichomythies comme il jouerait de croches, de soupirs, de « staccato », de reprises, de variations, Beaumarchais fait bien des mots des objets d'art, des notes et des mesures toutes mélodieuses. Il est alors facile d'entrevoir les tirades ou monologues comme des « morceaux » de bravoure, au sens musical du terme.

L'ALLIANCE DES RYTHMES ET DES SONORITÉS : LES MORCEAUX DE BRAVOURE
La tirade de la calomnie

> *« Le tact dans l'audace, c'est de savoir jusqu'où on peut aller trop loin. »*
> Beaumarchais

On sait que Beaumarchais lisait très vite le monologue de Figaro, comme un solo rythmé et alerte : les questionnements glissaient sous le foisonnement des idées comme les blanches sous la vivacité des croches.

Les longues répliques sont propices au déploiement de l'écriture ; l'auteur, parce qu'elles ne sont pas indispensables à la progression dramatique, se doit de les rendre « esthétiques ». L'interdépendance de la tirade permet de jouer sur sa structure : isolable du contexte, elle doit posséder une composition solide qui lui permet de se soutenir elle-même ; morceau autonome, elle peut alors être déplacée d'une pièce à l'autre ; comme celle de « Goddam », d'abord écrite pour figurer dans **Le Barbier de Séville** en cinq Actes, qui se retrouve dans **Le Mariage de Figaro** !

Parce qu'elle a magnifiquement inspiré Rossini, la tirade de la calomnie (45) nous a semblé intéressante pour une étude formelle précise. Nous verrons, en effet, avec quelle précision le rythme et les sons épousent la pensée exprimée, et avec quelle délectation l'auteur prolonge le morceau et l'entraîne vers le fantastique.

Ce sont les sonorités qui appellent la tirade. Les cinq répliques qui la précèdent semblent en effet tenter des variations sur le son [e] comme s'il orchestrait le mot juste, après des hésitations « *déguisé* », « *particulier* », « *l'écarter* », « *armé* », « *cuirassé* ».

Le mot est donné. Bazile entame sa démonstration, d'abord de manière rhétorique. Il capte l'attention de son interlocuteur par une apostrophe « *Monsieur* » puis, par deux vers blancs explicatifs, aux assonances en [a], [é], [v] : « *vous ne savez guère ce que vous dédaignez, j'ai vu les plus honnêtes gens près d'en être accablés.* » Un rythme ternaire, lourd de reprises anaphoriques, convainc alors l'auditeur conquis « *Croyez qu'il n'y a pas de plate méchanceté, pas d'horreurs, pas de conte absurde qu'on ne fasse adopter...* »

Calquée sur l'émotion ressentie par Bazile, dans une harmonie imitative, la description de la calomnie débute d'abord

---

(45) Le Barbier de Séville, Acte II, scène 8.

par une longue phrase fluide « *D'abord, un bruit léger, rasant le sol comme hirondelle avant l'orage, pianissimo, murmure et file, et sème en courant le trait empoisonné* » qui s'allonge en comparaison imagée, puis se redresse dans un rythme ternaire verbal que la répétition de « *et* » fait rebondir. Les sonorités sont feutrées, chuchotantes, mais déjà on pressent dans les allitérations en [s] et [r] la tension contenue. Elle s'accroît dans les phrases suivantes qui se raccourcissent. Le rythme s'accélère, les verbes s'accumulent, le son s'amplifie : « *Telle bouche le recueille et piano, piano, vous le glisse en l'oreille adroitement. Le mal est fait ; il germe, il rampe, il chemine, et rinforzando de bouche en bouche il va le diable* » et l'on passe du [ou] étouffé au [a] éclatant. Le rythme alors s'emballe, les périodes courtes sont réduites à un verbe exprimant la violence qui croit : « *puis tout à coup, ne sais comment, vous voyez calomnie se dresser, siffler, s'enfler, grandir à vue d'œil.* »

Le pronom personnel disparaît, les sifflantes s'enflent dans un jeu de paronomases, dernier signe de persiflage avant l'éclatement de la dernière assertion. La calomnie explose violemment en un rythme ternaire de périodes qui vont s'amplifiant jusqu'à l'élargissement final de la troisième, par des compléments de noms aux syllabes croissantes : « *Elle s'élance, étend son vol, tourbillonne, enveloppe, arrache, entraîne, éclate et tonne, et devient, grâce au ciel un cri général, un crescendo public, un chorus universel, de haine et de proscription.* » (5/6/7)

La montée sonore saute de [e] en [o] en [en] ouverts pour aboutir aux voyelles éclatantes, pures [i], [a], [o], [u] qui sont soufflées et mises en valeur par des [h] aspirés. Le monologue est bien travaillé comme une partition musicale. L'effet de « crescendo » traduit l'ampleur progressive de la calomnie et l'effervescence de Bazile. Profitant de cette excitation, Beaumarchais se fait plaisir, en laissant glisser les images vers le fantastique. La calomnie s'associe alors à un monstre qui grossit à vue d'œil. La transformation préparée par des vocables à connotations maléfiques « *traits empoisonnés* », « *mal* », « *diable* » peut s'effectuer qui fait naître une chose terrifiante qui « *rampe* », « *se dresse* », « *siffle* » et « *s'enfle* ». L'auteur se délecte de cette métamorphose qui prolonge volontairement la description d'éléments a priori inutiles, qui se répètent sans ajouter de nuances fondamentales : des comparaisons métaphoriques « *rasant le sol comme hirondelle...* » des verbes issus de maints registres végétaux (« *germe* ») et animaliers (« *rampe* ») qui s'associent par deux, de manière répétitive (« *rampe* »/« *chemine* », « *s'élance* »/« *étend son vol* », « *éclate* »/« *tonne* »), ou encore des adjectifs presque synonymes (« *public* », « *général* », « *universel* »).

Beaumarchais a bien conscience de l'invraisemblance psychologique d'une telle tirade, qui le souligne par la réplique de Bartholo : « *Quel radotage me faites-vous là, Don Bazile ? Et quel rapport ce piano-crescendo peut avoir à ma situation ?* »

Il s'agit d'en faire un morceau brillant, une parenthèse ludique et esthétique visant l'agrément immédiat du spectateur qui se laisse porter par le rythme et les sonorités, par la mélodie. Beaumarchais succombe à la tentation de l'esprit, à l'artifice du mouvement trop écrit... pour notre bonheur d'écoute.

Si les grandes tirades ralentissent le tempo des pièces, brisent a priori l'unité et le mouvement des scènes, elles sont en réalité une des caractéristiques des plus singulières de l'écriture de Beaumarchais. En elles, il trouve le lieu où donner libre cours à son goût de l'harmonie sonore et des rythmes ; leur longueur disparaît dans une dynamique légère et mélodieuse.

Parce qu'il sait jouer avec les sonorités riches des vocables, parce qu'il les associe à des rythmes travaillés, Beaumarchais crée une langue étonnante de musicalité, d'accords harmonieux. Mais ces gammes s'inscrivent bien dans des mouvements musicaux plus larges. Ce n'est pas un hasard si **La Folle Journée**, la comédie la plus élaborée stylistiquement, a suscité des chefs-d'œuvre de l'opéra, inspirant Paisiello, Rossini, Mozart et Da Ponte avec la même force.

B. De grands mouvements musicaux

En musique, le compositeur virtuose est celui qui allie son amour des notes et sa conception du temps comme vecteur dynamique. Beaumarchais s'inspire encore de cette ambiguïté des partitions musicales qui s'attachent autant à l'échelle infime de chaque son qu'à celle plus large du morceau complet ; il forge alors une écriture minutieuse où le mot, objet d'art, s'insère dans une réflexion plus ample, pour organiser les mouvements d'intrigue.

LA SÉQUENCE

Beaumarchais utilise l'unité scénique de manière purement conventionnelle, pour délimiter l'entrée ou la sortie d'un personnage, et non une articulation du texte.

Les péripéties secondaires

Les pièces de la Trilogie fonctionnent en réalité par « épisodes », par « mouvements de scènes » (46) ou séquences (47) qui regroupent une situation dramatique unique et homogène.

Il s'agit bien de « mouvements » musicaux plus ou moins longs comme dans une symphonie et comportant leur propre progression interne – ici leurs péripéties secondaires. Observons l'acte I du **Mariage de Figaro** : à partir de l'entrée de Chérubin (48) chez Suzanne. Les scènes s'enchaînent en cascade, avec l'entrée du Comte (49) puis celle de Bazile (50). Les trois

---

(46) Selon la terminologie de J. Schérer.
(47) Selon la terminologie de G. Conesa.
(48) Le Mariage de Figaro, Acte I, scène 7.
(49) Le Mariage de Figaro, Acte I, scène 8.
(50) Le Mariage de Figaro, Acte I, scène 9.

scènes forment bien un seul vaste mouvement. Les mêmes personnages principaux sont en scène, le problème posé est axé
sur la même question : le Comte découvrira-t-il Chérubin ?
Les péripéties secondaires peuvent alors se multiplier sans embrouiller la scène : le ruban volé ; Chérubin, qui, poursuivant
Suzanne se voit poursuivi par le Comte ; sa cachette ; le Comte
poursuivant Suzanne de ses assiduités ; son refuge derrière le
fauteuil ; les insinuations de Bazile sur la Comtesse et le page ;
la jalousie du Comte ; la découverte de Chérubin, l'exaspération du Comte qui décide de s'opposer au mariage. La séquence
peut alors se clore sur la ponctuation musicale autoritaire du
Comte : « *Tu n'épouseras pas Figaro !* ». Le mouvement suivant peut commencer. La tension de l'intrigue est montée sans
que le spectateur, entraîné par le comique de situation, ne s'en
aperçoive.

De la même manière, dans **Le Barbier de Séville** observet-on ces grands mouvements de tourbillon de l'intrigue. Exemple
flagrant, les scènes de Lindor déguisé en Alonzo, maître de
musique (51). Là encore, les maintes intrigues secondaires,
sans affecter la progression générale, permettent des variations
sur le thème, quelques morceaux légers « *allez vous couchez
Bazile* » (52) et quelques accords graves « *votre déguisement
inutile* » (53).

Comme en musique, les séquences contiennent en effet
des mouvements internes. Séries de croches alternent avec
rondes et blanches. Sonorités pétillantes avec résonances profondes. Beaumarchais transcrit ces jeux rythmiques dans l'art
des péripéties éclairs, brefs mouvements en deux temps antithétiques.

---

(51) Le Barbier de Séville, Acte IV, scènes 4 à 13.
(52) Le Barbier de Séville, Acte III, scène 11.
(53) Le Barbier de Séville, Acte III, scène 12.

L'art des péripéties éclairs

Beaumarchais aime les intrigues à rebondissement, à surprise ; aussi ne résiste-t-il pas au plaisir de se créer des embûches juste pour avoir la joie de s'en tirer par une pirouette. D'où le rôle prépondérant des « péripéties éclairs » (54) qui, parce qu'elles sont réversibles, se nouent et se dénouent avec allégresse. Exemple : lorsque la jalousie du Comte et l'aveu de la Comtesse (55) sont suivis d'une scène de repentir pour l'un et de comédie pour l'autre, les péripéties deviennent des effets au second degré qui ne donnent un frisson que pour mieux faire savourer l'effet comique des déconvenues à répétition du Comte.

Beaumarchais va parfois jusqu'à juxtaposer deux péripéties-éclairs. Dans **Le Mariage de Figaro**, la séance des giroflées est, en ce sens, remarquablement construite : l'arrivée d'Antonio qui prétend avoir vu sauter un homme de la fenêtre risque de retourner la situation d'apaisement momentané entre le Comte et la Comtesse. Mais à la péripétie initiale *« on vient d'en jeter un homme / par ces fenêtres ?... »* (56) Beaumarchais juxtapose rapidement la péripétie inverse, Figaro prétendant être « *cet homme* » « *... c'est moi qui ai sauté / comment ! c'est vous ?* ». Le spectateur reprend son souffle un instant et Beaumarchais réinsère un obstacle : Antonio rendant le papier tombé de la poche du « *sauteur* », « *... il est juste de vous rendre ce brimborion de papier* » intercepté par le Comte comme arme contre le mensonge ; la tension croît jusqu'à la péripétie inverse « *... c'est l'usage / l'usage ! l'usage de quoi ? / D'y opposer le sceau de vos armes.* » Figaro s'en sort encore par une pirouette face à un Comte dépité qui clôt la séquence d'une portée de basse : « *Allons, il est écrit que je ne saurai rien.* »

---

(54) Terminologie de J. Schérer.
(55) Le Mariage de Figaro, Acte II, scène 14.
(56) Le Mariage de Figaro, Acte II, scène 21.

A chaque fois que la volonté du Comte est prête à basculer vers la vengeance, la situation initiale est, tant bien que mal, rétablie par une péripétie inverse qui annule l'effet de la première. Ce jeu de « péripéties-éclairs » caractérise le style de Beaumarchais, en donne le dynamisme rythmé, comme l'a analysé J. Schérer : « *Le caractère réversible de la péripétie classique peut, en s'hypertrophiant, donner naissance à une forme nouvelle. S'il est exploité au maximum, les péripéties se groupent par couples (... dans une) succession de retournements dont le second annule le premier* (57). »

Beaumarchais est l'inventeur d'un nouveau théâtre dans lequel les situations évoluent sans cesse, se ramifient, dans lequel le personnage devient un stratège de l'action et de la communication. Le mouvement perpétuel est bien organisé en séquences juxtaposées comme de grands mouvements musicaux, qui confèrent aux pièces une certaine « linéarité », qui évitent le risque d'« émiettement » dû à la complexité des intrigues et au nombre de scènes, qui sont enfin nécessaires dans la mesure où elles délimitent des espaces de séparation, des plages spécifiques dans un dialogue qui tente, lui, de se répandre en flux continu grâce à un énorme travail d'enchaînement des répliques.

L'ENCHAÎNEMENT DES RÉPLIQUES

Le langage dramatique de Beaumarchais semble se dérouler en spirale. Le dialogue vise le « naturel » ; son rythme soutenu, évite les pauses, les silences. Comme en musique, il alterne moments sonores « crescendo » et murmures à peine audibles « pianissimo », sans jamais s'interrompre vraiment. Beaumarchais, calquant son écriture sur des mélodies, va tenter de donner à ses pièces l'aspect homogène d'une sympho-

---

(57) J. Schérer in **La dramaturgie de Beaumarchais**.

nie. Les mots s'appellent les uns les autres, les répliques s'enchaînent comme des notes, les unes retenues, les autres appuyées. Pour lier ses prises de parole, Beaumarchais joue avec les mots de manière ludique ; termes pivots, greffes syntaxiques et questions ouvertes favorisent le rebond de la parole, son déferlement ininterrompu.

L'enchaînement thématique

Le mot peut en appeler un autre par ses sonorités, certes, mais aussi par son caractère référentiel. Beaumarchais se sert parfois de ce mode d'enchaînement qui permet d'avancer par bonds successifs dans une direction ouverte. Ainsi, la discussion de Marceline et de Bartholo dans **Le Mariage de Figaro** (58) va-t-elle progresser par thèmes : des railleries sur l'art médical *« on pourrait mourir en attendant vos secours »* on en vient à s'interroger sur la santé de la Comtesse *« La Rosine... est elle incommodée... »* Justifiant ces langueurs, on en vient à l'inconstance du Comte qui *« la néglige »* Marceline donne alors un « exemple » des soucis du libertin *« il marie Suzanne »* qui suscite chez Bartholo des sous-entendus perfides *« que son excellence a rendu nécessaire. »* La duègne s'avise de les corriger *« pas tout à fait... »* en s'appuyant sur la bonne foi de Bazile. Suit une digression sur ce *« maraud »* qui permet la révélation de son *« ennuyeuse passion »* pour Marceline. Sous forme de boutade, Bartholo propose une solution : *« je me serais débarrassé vingt fois de sa poursuite / de quelle manière ? / En l'épousant »*. Le thème du mariage entre alors en piste, repris par Marceline qui, après un reproche sur l'infidélité passée de Bartholo, en vient à révéler son désir d'épouser Figaro. Par bonds successifs, la scène s'est avancée, les associations d'idées justifiant sa progression vers son but unique : annoncer la volonté de Marceline d'unir sa vie à celle de Figaro.

---

(58) Le Mariage de Figaro, Acte I, scène 4.

L'enchaînement thématique permet bien au dramaturge de diriger l'évolution d'une scène. Il se rend maître des glissements. Le procédé possède l'immense avantage d'être très riche au niveau informatif ; ces scènes où le dialogue s'enchaîne sur l'idée sont parmi les plus référentielles. Il s'y dit nombre de détails relatifs au passé des êtres qui s'incorporent sans trop d'artifices – exemple : dans notre scène, l'allusion au *« petit Emmanuel »* fils de Marceline et Bartholo, qui prépare la scène de la reconnaissance.

L'enchaînement sur le mot

Comme en musique, Beaumarchais joue d'écho. Telle note émise par un instrument est reprise en rappel par un autre qui lie ainsi sa partition à sa voisine ; tel mot prononcé par un personnage est repris par un autre qui articule sa réplique sur la précédente. Il s'agit de ce que Conesa appelle « les termes pivots ». Ils contribuent à la dynamique du dialogue, à son tempo.

L'enchaînement peut se faire sur le même mot, le soulignant :

Figaro : *« mais qu'est-ce qu'il y a, bon Dieu ? »*

Suzanne : *« il y a que, las de courtiser les beautés... »* (59)

Parfois aussi sur la racine linguistique, en changeant le rôle grammatical.

Rosine : *« s'il m'aime, il doit me le prouver (...) ! »*

Figaro : *« eh ! Madame ! amour et repos peuvent-ils habiter en même cœur ? »* (60)

Ailleurs, le procédé sert le comique ;

Figaro : *« La nuit, si Madame est incommodée... Zeste ! en deux pas tu es chez elle. Monseigneur veut-il quelque chose ? Il n'a qu'à tinter du sien ; crac ! en trois sauts me voilà rendu. »*

---

(59) Le Mariage de Figaro, Acte I, scène 1.
(60) Le Barbier de Séville, Acte II, scène 2.

Suzanne : « *Fort bien ! mais quand il aura **tinté** le matin (...), **zeste ! en deux pas** il est à ma porte et **crac ! en trois sauts**...* » (61)

La reprise du mot est alors ludiquement soulignée par l'identité formelle de la structure.

Pour dynamiser l'alternance de parole, Beaumarchais va utiliser le procédé du « terme pivot » en série. Ainsi, dans **Le Mariage de Figaro**, le dialogue entre le Comte et la Comtesse procède par rebonds :

Le Comte : « *Si c'est Suzanne, d'où vient le **trouble** où je vous vois ?* »

La Comtesse : « *Du **trouble** de ma **camériste** ?* »

Le Comte : « *pour **votre camériste**, je ne sais ; mais pour du **trouble** assurément.* »

La Comtesse : « ***Assurément**, Monsieur, cette fille vous **trouble** et vous **occupe** beaucoup plus que moi.* »

Le Comte : « *Elle **m'occupe** à tel point, Madame, que je **veux** la voir à l'instant.* »

La Comtesse : « *je crois, en effet, que vous le **voulez** souvent...* » (62)

Les répliques s'enchaînent bien sur le mot qui devient lien, appui du discours et joue de ses nuances suggestives, de reprises en miroir sonore, en passant d'une bouche à l'autre. Le vocable devient premier, les personnages ont conscience de son poids phonétique, et s'en amusent. Ainsi, Figaro qui répond aux questions, non sur leur sens, mais sur le mot, de manière plaisante : si l'effet de dérobade est drôle, c'est bien l'anthorisme, cet effet d'écho musical qui permet aux répliques de conserver une unité phonétique :

---

(61) Le Mariage de Figaro, Acte I, scène 1.
(62) Le Mariage de Figaro, Acte II, scène 3 (l'exemple est repris de G. Conesa).

L'Alcade : « *(...) que viens tu faire en cette maison à des* **heures indues** *?* »

Figaro : « **heure indue** *? Monsieur voit bien qu'il est aussi près du matin que du soir.* » (63)

ou

Le Comte : « *Quand je ne le saurais pas d'ailleurs, fripon, ta* **physionomie** *qui t'accuse me prouverait déjà que tu* **mens**. »

Figaro : « *S'il est ainsi, ce n'est pas moi qui* **mens**, *c'est ma* **physionomie**. » (64)

Par contraste, les juxtapositions de répliques, sans lien sonore, sont mises en valeur et soulignent des « états de décalage » entre les personnages.

Enfin, autre moyen de rendre au dialogue sa continuité et sa souplesse : les questions ouvertes. Où Molière se sert des questions pour resserrer le rythme, Beaumarchais, lui, y voit une occasion de détente de la conversation, une occasion de phrasé musical qui développe le motif en lui donnant de l'amplitude.

Les interlocuteurs profitent de cet espace de liberté qu'offrent les questions donnant libre cours à des réponses larges, riches de surprise. Le procédé permet des descriptions : `

Le Comte : « *quel homme est-ce ?* »

Figaro : « *c'est un beau, gros, court, jeune vieillard, gris pommelé, rusé, rasé, blasé, qui guette et furette, et gronde et geint tout à la fois.* »

Le Comte : « *Eh ! je l'ai vu. Son caractère ?* »

Figaro : « *brutal, avare, amoureux et jaloux à l'excès de sa pupille, qui le hait à mort.* » (65) ;

des insinuations ironiques :

---

(63) Le Barbier de Séville, Acte IV ; scène 8.
(64) Le Mariage de Figaro, Acte II, scène 20.
(65) Le Barbier de Séville, Acte I, scène 4.

Le Comte : « *que veux-tu dire* ? »

Figaro : « *qu'il est bien temps que la vertu d'un si bon maître éclate ; elle m'est d'un tel avantage aujourd'hui que je désire être le premier à célébrer mes noces.* » (66) ; des informations :

Suzanne : « *Eh bien ! ce grand secret ?* »

Bégearss : « *sers ton ami ; ton sort devient superbe. J'épouse Florestine ; c'est un point arrêté ; son père le veut absolument.* » (67)

Afin de faire couler le dialogue, Beaumarchais associe souvent au sein d'une réplique réponse et question ; Du coup la densité référentielle de l'échange s'accroît en même temps que son dynamisme :

Le Comte « *Mais comment faire ? Il est tard... au peu de temps qu'il reste...* »

Bartholo : « *Je dirai que vous venez en sa place (Bazile). Ne lui donnerez-vous pas bien une leçon ?* »

Le Comte : « *Il n'y a rien que je ne fasse pour vous plaire. Mais prenez garde que toutes ces histoires de maîtres supposés sont de vieilles finesses, des moyens de comédie. Si elle va se douter ?...* »

Bartholo : « *présenté par moi, quelle apparence ?* » (68)

Liaison sur le mot, réponse sur le sens sont des moyens habilement utilisés par Beaumarchais pour donner à son dialogue un rythme musical : les partitions des personnages se complètent en se répétant harmoniquement. Les échanges semblent progresser en glissant sans à coup, aidés par le procédé des enchaînements syntaxiques.

---

(66) Le Mariage de Figaro, Acte I, scène 10.
(67) La Mère coupable, Acte I ; scène 4.
(68) Le Barbier de Séville, Acte III, scène 2.

L'enchaînement syntaxique : la greffe

Les greffes syntaxiques confèrent au dialogue une légèreté, une surprise, une vitalité étonnante. Les répliques interdépendantes les unes des autres se succèdent en poursuivant une même phrase musicale, un même mouvement.

Beaumarchais, une fois de plus, a su tirer du procédé toute sa variété :

La greffe peut être délibérée :

Le Comte : « *ainsi ses moyens de plaire sont...* »

Figaro : « *nuls.* » (69)

Le Comte marque bien une pause, sorte de silence à valeur interrogative qui met en relief, comme un accord de résolution, la répartie de Figaro. Il s'agit alors d'un moyen de détourner la conversation, en coupant la parole à l'autre, pour finir à sa place sa phrase :

Bazile : « *J'avais pensé...* »

Suzanne : « *des horreurs !* » (70)

Ailleurs le procédé a le mérite de jouer sur la suggestion proposée par l'inachèvement :

Bartholo : « *Un art dont le soleil s'honore d'éclairer les succès.* »

Figaro : « *et la terre de couvrir les bévues !* » (71)

Parfois la réplique greffée souligne le fossé entre les deux hommes par sa force de contradiction qui repose sur une antithèse ironique et s'impose en chute :

Figaro : « *soutiens bien mes efforts.* »

Suzanne : « *qui ne mèneront à rien.* » (72)

et la greffe se fait complémentaire et ferme le duo sans appel.

---

(69) Le Barbier de Séville, Acte I, scène 4.
(70) Le Mariage de Figaro, Acte I, scène 9.
(71) Le Barbier de Séville, Acte II, scène 13.
(72) Le Mariage de Figaro, Acte I, scène 10.

Le procédé ne pouvait que séduire l'auteur par sa force économique, ludique et surprenante. Aussi le monte-t-il parfois en série, ce qui accentue l'effet de surprise par l'attente créée :

Bazile : « *Ce qui est bon à prendre...* »
Bartholo : « *j'entends, est bon...* »
Bazile : « *à garder.* » (73)

L'habileté avec laquelle Beaumarchais travaille l'enchaînement de son dialogue tend à le faire ressembler à un flux ininterrompu. Scènes rythmées alternent avec tirade ou monologue vivant, dans des tempi variés, sans jamais marquer de franche cassure. En cela encore, le langage dramatique de Beaumarchais s'approche d'une « symphonie achevée » où les grands mouvements sont interdépendants les uns des autres ; la beauté du dialogue de Beaumarchais tient sans doute à cette concentration d'effets d'enchaînements organisée de sorte que la perfection occulte la complexité. En cela encore le langage dramatique est lié à la musique ; sa simplicité apparente est le résultat d'un travail d'une extrême précision : chaque soupir compte.

Un langage uni et fluide, ainsi créé, ne pouvait manquer de se diversifier en nuances et alternances – comme toute bonne symphonie !

(73) *Le Barbier de Séville*, Acte IV, scène 1.

C. Des alternances toutes rythmiques

Nous avons tenté de montrer en quoi **La Trilogie** se nourrit des sonorités et des rythmes inhérents aux mots, en quoi elle les associe dans de grands mouvements musicaux avec une fluidité et une harmonie mélodieuse. Mais un flux continu devient vite monotone s'il n'est pas riche d'alternances rythmiques. Beaumarchais l'a compris qui fait se succéder plus ou moins régulièrement scènes ludiques et scènes comiques, scènes dynamiques et scènes statiques, scènes de connivences et scènes de décalages. Maniant avec art le contraste, il donne à ses pièces et à sa **Trilogie** un souffle unique, riche d'unité et pourtant multiple, homogène bien que rempli d'oppositions.

L'UTILE ET LE LUDIQUE

Comme en musique les fioritures allègent le plain chant et lui donnent sa résonance singulière, Beaumarchais sème quelques scènes purement ludiques au centre de grands mouvements pour les dynamiser. Elles peuvent apparaître « inutiles » au déroulement de l'intrigue mais qu'est-ce qu'une scène « utile en soi » ?

L'utile au théâtre ?

Au théâtre, il n'y a pas de réalité en soi ; les seuls éléments qui possèdent une existence sont les informations que les personnages nous ont fait parvenir. L'intrigue prend sa consistance dans les « dires » qui composent le rôle de chacun : cohérences ou contradictions tiennent lieu de faits. L'art naît de l'artifice ; la vraisemblance en soi-même est une convention. Chez Beaumarchais, la rapidité des mouvements dramaturgiques, avec la gaieté pour trame de fond, ne permet pas aux spectateurs de refuser leur adhésion.

Le langage est, par essence, l'unique moyen de faire avancer l'action, de révéler l'intrigue ; d'où la nécessite de scènes lourdes de contenu informatif. Pourtant la caractéristique de Beaumarchais est sans doute dans sa capacité à éviter les scènes d'exposition pure ; son langage essaime le « référentiel » au cours de dialogues vivants ; l'information côtoie ainsi nécessairement le ludique. Il n'y a pas de phrases vides : assertions esthétiques alternent avec assertions efficaces jusqu'à se fondre les unes dans les autres. L'espace scénique associe utile et agréable comme dans la scène du **Mariage de Figaro** où se confrontent le Comte et Figaro (74). Sous la virtuosité, la scène est riche d'éclaircissements nécessaires, et importante dans l'économie dramatique de la pièce. Elle lie différentes actions, les étoffe, les commente et en prépare de nouvelles dans trois directions : Marceline et son procès – qui annonce la scène de la reconnaissance (75) ; l'ambassade à Londres – qui rappelle ce qui a été évoqué à l'acte I (76) ; l'intrigue sur la Comtesse – qui annonce son désir de profiter de la jalousie du Comte pour le reconquérir.

La scène est donc fort importante puisqu'elle prépare les péripéties à venir, et répand l'utile sous des dehors ludiques. S'il y a peu de scènes purement référentielles chez Beaumarchais, on trouve, par contre, quelques scènes purement ludiques – et non inutiles.

La musique du ludique

Beaumarchais ne résiste pas à l'attrait de quelques bons mots ou de quelques tirades satiriques bien pesées. Certaines scènes deviennent alors prétexte à un étalage de son brio, émouvant parce qu'il provient d'un vrai sentiment puéril de ne pas

---

(74) Le Mariage de Figaro, Acte IV, scène 5.
(75) Le Mariage de Figaro, Acte III, scène 16.
(76) Le Mariage de Figaro, Acte I, scènes 2 et 8.

« gâcher » un trait d'esprit en le censurant, mais au contraire de le mettre en valeur en créant au besoin une scène entière autour de lui. C'est le cas de la dernière scène du premier acte du **Mariage de Figaro** : la confrontation Bazile-Figaro n'a aucune utilité par rapport à l'action mais elle est source de répliques spirituelles et légères – qui contrastent avec le ton plus pesant de la scène précédente (77) et relancent ainsi le rythme – et converge surtout toute entière vers le proverbe personnalisé de Bazile « *Tant va la cruche à l'eau qu'à la fin elle s'emplit* » que souligne adroitement Figaro (Beaumarchais ?) « *pas si bête, pourtant, pas si bête !* » (78). La part de jeu, de virtuosité pure et gratuite est évidente. Le goût de l'esprit verbal de l'auteur se lit encore dans certains débordements du cadre des mouvements.

La tirade de la calomnie fait ainsi « exploser la forme » au sens musical du terme, elle rompt l'action, crée une « modulation » sur le thème. Elle reste alors dans l'harmonie, bien qu'elle s'éloigne du tempo référentiel du dialogue. Les dérives satiriques sont justifiées par leur rôle dans la symphonie. Sorte d'« allégro » au milieu d'un « andante », elles sont bien « utiles » pour créer la mélodie des contrastes. De la même manière, les scènes de groupe du **Mariage de Figaro** s'expliquent par leur force sonore. Ainsi lorsque Figaro entre à la fin du premier acte suivi de « *beaucoup de valets, paysannes, paysans vêtus de blanc* » ce n'est pas tant pour modifier l'action. En effet, leur présence ne changera rien : le Comte ne s'est pas prêté à ce qu'on attendait de lui, Figaro n'a pas gagné de terrain – il aurait plutôt renforcé son adversaire en accroissant sa méfiance. La scène a donc pour but de constituer un chœur pour orchestrer la fin de l'acte dans une esthétique qui tient de l'Opéra.

Le secret de l'écriture de Beaumarchais vient peut-être de ce qu'elle nous prend à rebours : on croit une scène inutile,

---

(77) Le Mariage de Figaro, Acte I, scène 10 et les adieux de Chérubin
(78) Le Mariage de Figaro, Acte I, scène 11.

une tirade gratuite, une complaisance à un mot d'auteur, une satire convenue... et le miracle s'opère : le dialogue fonctionne, les caractères se déploient, les répliques s'enchaînent logiquement... et tout cela est enlevé, enjoué, tourbillonnant, comme porté par une partition orchestrale sous-jacente qui règle, dose, huile ; et minute dans les répliques, attaques et défenses, « anacrouse » et déploiement du thème.

LE DYNAMIQUE ET LE STATIQUE

Beaumarchais jongle avec les tempo. De même que dans une sonate, le thème féminin mélodique et doux alterne avec le thème masculin pétillant et vivant, de même dans **La Trilogie**, scènes statiques alternent avec scènes dynamiques.

A l'échelle des pièces

Beaumarchais prône le « naturel » mais accepte de faire siennes les formes classiques. Il dépasse l'artifice de la tirade et du monologue en les dotant d'un dynamisme interne (79), certes, mais il l'adopte pour sa qualité musicale. En effet, ces longues répliques, solos plus ou moins sombres, sont des pauses remarquées dans les grands mouvements. L'orchestre se tait un instant pour laisser s'élever une voix, à la partition originale, au tempo unique, révélateur d'une émotion. Ainsi, dans son monologue (80), Figaro se découvre à nous, avec la virtuosité du soliste dans une variation profonde et sourde, qui ne fera que mettre en valeur la légèreté et la vivacité de la séquence des marronniers (81) dans laquelle badinages et soufflets se mélangent dans un ton clair et allègre. On retrouve ces

---

(79) Voir Chapitre II. **Des formes classiques nouvelles**.
(80) Le Mariage de Figaro, Acte V, scène 3.
(81) Le Mariage de Figaro, Acte V, scènes 4 à 11.

jeux de contrastes, de sonorités et de mouvements à maintes reprises dans chacune des pièces : Rosine écrivant sa lettre, seule (82) et calme, bondit à l'arrivée de Figaro (83), qu'elle harcèle de questions dans un rythme soutenu et enjoué ; la Comtesse, Suzanne et Chérubin rivalisent de propos pétillants et plaisants (84), dans une allure vive, quand survient le Comte (85) et avec lui la voix grave de la jalousie qui glace d'un coup l'atmosphère musicale. Dans **La Mère coupable**, les nuances sont moins nettes, on reste dans un ton mineur. Notons cependant quelques variations : le Comte lisant la lettre de la Comtesse et Chérubin (86), dans un mouvement aux résonances des plus graves, se confie ensuite à Bégearss dans un ton aux accents de révolte ; pour finir par embrasser sa fille avec un vrai bonheur, aux assonances mélodieuses.

A l'échelle des pièces, Beaumarchais juxtapose avec art, scènes statiques et scènes plus dynamiques dans une mélodie contrastée que l'on retrouve à l'échelle de **La Trilogie**.

A l'échelle de la Trilogie

En créant une œuvre en trois mouvements, Beaumarchais se souvient bien de la force du rythme ternaire en musique ; là encore il se joue du contraste ; aux deux premiers mouvements allègres succède un dernier mouvement grave ; à la vitalité, au dynamisme, à la gaieté, succède la profondeur ; aux comédies, le drame. L'unité intrinsèque du drame et de la comédie, ces « deux faces » d'une même réalité, se brise au niveau de l'écriture, de la musique.

Le drame ancre son langage dans le conventionnel, le larmoyant et les tonalités mineures ; la comédie dans le vif, l'acide,

---

(82) Le Barbier de Séville, Acte II, scène 1.
(83) Le Barbier de Séville, Acte II, scène 2.
(84) Le Mariage de Figaro, Acte II, scènes 4 à 9.
(85) Le Mariage de Figaro, Acte II, scènes 10 et 16.
(86) La Mère coupable, Acte II, scène 1.

parfois le contestataire, et les tonalités majeures. Dans le drame, la pénitence, l'angoisse, le remords sont les signes de personnages tournés vers le passé, qui n'ont plus rien à dire ; le poids d'événements révolus les prive du droit d'assumer, dans leur discours, le refus des contraintes sociales ; le langage a alors un statut secondaire de commentaire, voire de légende ; les chants des personnages sont hachés, douloureux.

Au contraire, la comédie est un point de départ, le début d'une aventure où chacun aura à se définir, face aux autres, en inventant son propre langage, son propre tempo. Si dans le drame le débat intérieur paralyse les acteurs, dans la comédie, l'effort sur soi-même se transforme en joute contre les autres : le langage prolifère, le discours obéit à une mélodie fluide qui accepte les « modulations » – maximes caustiques où le moi affirme son droit à la différence – les « dialogues de registres » – confrontation à l'Autre auquel on oppose ses propres paroles remaniées, singularisées.

Au sein de **La Trilogie**, Beaumarchais a mélangé deux registres, deux musiques, qui peut-être ne pouvaient pas être ainsi juxtaposées, sous peine de cacophonie ! Si le ton du drame et de la comédie se marie élégamment au sein des œuvres, il est sûr que leur unité se brise à l'échelle plus large de **La Trilogie**. Il ne s'agit plus alors d'alternances rythmiques mais de juxtapositions dissonantes.

LE DÉCALAGE OU LA CONNIVENCE

De même qu'en musique, le compositeur se plaît à faire se frôler mouvements calmes et harmonieux, dans lesquels les tons voisins se répondent, et mouvements discordants et vifs, dans lesquels la dissonance naît du frottement de tonalités différentes, de même le dramaturge confère à son écriture une dynamique particulière en faisant alterner scènes de connivence douce entre les personnages et scènes de décalage plus violentes et sèches.

La connivence

La connivence dans **La Trilogie** est mise au service de sentiments forts : amour, amitié ou désir. Les scènes où les personnages « s'aiment », au sens large du mot, correspondent à de longs déroulements mélodieux, dans un ton unique, que le texte traduit par une complémentarité du dialogue, un enchaînement de répliques liées, qui font confiance à la suggestion et l'implicite. Beaumarchais renouvelle entièrement le dialogue amoureux : Figaro ne déclare pas explicitement son amour dans de brûlantes déclarations. Il parle de tout et de rien dans un abandon à la joie qui trahit son bouillonnement intérieur.

Tours familiers, rythme allègre, verve et envolées révèlent indirectement, par leur musique légère et pétillante, le sentiment de bonheur qui l'envahit. Suzanne flattée, émue, attendrie, déchiffre l'implicite « *J'aime ta joie parce qu'elle est folle ; elle annonce que tu es heureux.* » (87). Beaumarchais déjoue les poncifs du duo d'amour en se reposant sur la force musicale du sentiment, la subtilité et le naturel du dialogue.

Le rythme sert encore à traduire la complicité entre les personnages. Ainsi le dynamisme des premières scènes du **Barbier de Séville**, étonnant, révèle le lien affectif entre Figaro et le Comte. Leur échange effervescent obéit bien à un tempo « scherzo », enjoué et léger. Ailleurs c'est la répétition d'une phrase « *allez vous coucher* » (88) ou « *petit papa* » (89) qui nous transmet la charge affective d'une scène ; là encore, Beaumarchais s'inspire dans son langage dramatique de l'écriture musicale qui joue du « leitmotiv ».

La connivence entre les personnages marque bien le texte par un tempo régulier, équilibré et harmonieux qui souligne,

---

(87) Le Mariage de Figaro, Acte IV, scène 1.
(88) Le Barbier de Séville.
(89) Le Mariage de Figaro.

par contraste, les scènes de décalage, au rythme bancal, lourd de « silences ».

Le décalage

Le « décalage » chez Beaumarchais traduit le plus souvent la bêtise ou le mensonge, la colère ou la préoccupation. Parce que les personnages sont chargés de désirs divergents, parce qu'ils jouent dans des registres variés, les scènes de « décalage », agressives, jouent de dissonances. Les partitions sont déséquilibrées, le dialogue est chaotique. Parce qu'il existe des rapports d'autorité, les protagonistes n'ont pas le même champ de liberté : ainsi, Suzanne ne peut répondre aux propositions du Comte dans un rapport d'égalité, ni au niveau sonore, ni au niveau du rythme.

La mélodie « sujet contre sujet » est donc viciée : les assertions de Suzanne sont brèves, et comme le soulignent les didascalies : « *troublée* », « *vivement* », « *effrayée* », « *en colère* », leur tempo est soutenu et vif ; celles du Comte sont allongées et jouent de « soupirs » qui les font couler avec lenteur « *ton petit cœur paraît dans une agitation... bien pardonnable, au reste (...)* » (90). Ce jeu de contrastes donne à la scène son rythme singulier. D'un côté les interruptions brusques de Suzanne, de l'autre les explications sinueuses et embarrassées du Comte. Beaumarchais exploite avec esprit et concision les virtualités dramatiques et comiques d'une telle situation, mais aussi les virtualités musicales d'un tel climat d'instabilité.

On retrouve cette même mise à profit du déséquilibre dans les scènes de mensonge ou de dissimulation. Ainsi Lindor déguisé en cavalier pris de vin, interprète-t-il une partition riche opposée à celle, sèche, de Bartholo qui le reçoit (91) ; ainsi Suzanne cultive-t-elle avec habileté la modération, modulant

---

(90) Le Mariage de Figaro, Acte I, scène 8.
(91) Le Barbier de Séville, Acte II, scènes 12,13, 14.

ses propos sur ceux de Bégearss afin d'en tirer des informations (92), jouant de suspension « *s'il ne lui arrive aucun mal...* » « *si vous faites cela Monsieur...* » « *Ah ? si Madame avait voulu...* » là où son interlocuteur reste dans le registre des affirmations : « *je n'ai jamais vraiment aimé que toi* », « *la Comtesse va au couvent.* »

Dans d'autres scènes, Beaumarchais met en présence des interlocuteurs à degrés d'intelligence variés. La bêtise permet, des effets rythmiques riches. Nous avons vu le rôle de Brid'oison (93) dans sa force comique ; reste son importance « musicale ». Son bégaiement joue le rôle des « pizzicato » au sein d'un mouvement « allegro ». De même, les partitions de l'Éveillé et la Jeunesse (94) brisent-elles le tempo du « scherzo ». La présence d'Antonio ou de Gripe Soleil, de Guillaume dans **La Mère coupable**, participe du même procédé rythmique.

Ailleurs, le décalage naît d'un sentiment de méfiance ou de franche colère. Le contraste entre une partition de la fureur et une partition de la crainte est encore très mélodique. Exemple, le mouvement pathétique de l'Acte II du **Mariage de Figaro** (95) qui fait dialoguer le registre de la jalousie furieuse, haché et violent, qui va « crescendo », et le registre de l'accablement désespéré, qui va « decrescendo » ; « points d'orgue » alternent avec notes pointées « *arrêtez Monsieur...* » « *Ô ciel ! il va périr !* » points de suspension avec monosyllabes. De même, la scène entre Figaro et le Comte (96) trouve-t-elle sa justification dans une mélodie discordante qui reflète l'antagonisme des deux êtres : le dialogue brutal, l'absence de lien entre les répliques, les enchaînements sémantiques inexistants, tout concourt à créer un effet de dissonance. Le rythme tente de

---

(92) La Mère coupable, Acte I, scène 4.
(93) Le Mariage de Figaro, Acte III, scène 15 et suivantes.
(94) Le Barbier de Séville, Acte II, scènes 6 et 7.
(95) Le Mariage de Figaro, Acte II, scène 16.
(96) Le Mariage de Figaro, Acte III, scène 5.

s'harmoniser, répartissant de manière équilibrée les répliques ; mais les apartés jouent le rôle « d'altérations » musicales, troublent le mouvement et soulignent le frottement de deux tonalités différentes qui ne s'écoutent pas. Cette scène décrite par Félix Gaiffle comme « une des maladresses la plus apparente du **Mariage** » est pourtant particulièrement bien reçue par les spectateurs. La distorsion entre l'appréciation littéraire et le jugement de la postérité vient peut-être de ce qu'une étude « à plat » du texte ne permet pas d'en sentir l'ample puissance musicale, qui est pourtant une des justifications de son existence.

Les scènes de décalages sont fondamentales dans la composition des pièces de Beaumarchais. Souvent vives, elles ont l'avantage de juxtaposer deux tempo contrastés, qui confèrent au mouvement en cours un dynamisme évident. Reste une dernière expression toute musicale du décalage : les silences. Beaumarchais, en effet, manie avec brio la rêverie, pause, suspension momentanée de l'action, de l'orchestre...

Le silence

Le personnage de théâtre existe par sa parole. Même dans un monologue, il reste conscient ; rien n'est plus difficile que de le doter d'un inconscient car il faut trouver un truchement pour le rendre visible, ou du moins intelligible aux spectateurs. Chez Marivaux, des présupposés du discours ou des personnages secondaires servent de révélateurs aux arrières pensées, aux sentiments obscurs et inavoués des protagonistes.

Beaumarchais, lui, va mettre en scène des personnages « distraits ». Par ce moyen, l'auteur suggère que son personnage est en proie à une préoccupation intense, à un désir inavoué et inavouable en présence de son interlocuteur. La Comtesse est sans doute le personnage le plus « rêveur » de **La Trilogie**. Ses silences, ouverts sur l'espace du rêve dans les comédies, persistent dans le drame, fermés sur l'espace des remords. Ainsi, si on la trouve « rêvant » « rêvant longtemps » (97), suspendant son dialogue par des interruptions internes aux répliques « *laissons... laissons ces folies... Enfin, ma pauvre Suzanne (...)* » c'est bien que Beaumarchais nous donne accès à ses pensées secrètes, ses « sentiments contraires » (98), qui se disputent l'attention du personnage.

Beaumarchais utilise ces points d'orgue avec adresse, de manière paradoxale : ils tendent la situation quand on les croirait instruments de détente ; ils suspendent à leur gré la mélodie pour mieux la faire repartir ensuite ; ils interrompent le flux rapide pour le mettre en valeur ensuite. Les phrases suspendues, les interruptions du discours ou les silences des personnages, précisés par les didascalies, revêtent bien une importance capitale dans la mesure où ils sont des espaces de liberté : ils ouvrent le jeu de l'acteur-interprète, permettent le geste et la retenue sonore, la pause, qui rendra spécifique l'interprétation du comédien-musicien.

Le langage dramatique de Beaumarchais s'approche bien par moult facettes d'une partition musicale. Sans doute est-ce pour cela que chansons, vaudevilles et airs s'y incorporent avec autant de naturel. Métalangages, ils sonnent juste au milieu de la symphonie langagière de **La Trilogie**. Le secret de Beaumarchais réside sans doute dans sa création d'une œuvre si porteuse de mélodie qu'elle se doit d'être interprétée pour prendre sa vraie valeur, pour que le spectateur prenne conscience de cette ampleur, de cette beauté, que le lecteur ne fait que pressentir.

---

(97) Le Mariage de Figaro, Acte II, scène 1.
(98) J. Schérer in **La dramaturgie de Beaumarchais**.

CONCLUSION

**Il était un de ces génies rares,
que l'auteur de la nature
se plaît à former de temps en temps,
pour faire l'étonnement de leurs contemporains et
l'ornement du siècle où ils vivent.**

Librairie de Paris
in *La correspondance littéraire – 1774*

CONCLUSION

Comment dire, à la fin de cette étude, notre immense admiration pour un auteur étonnant qui a réellement su « dépoussiérer » le théâtre français, avec un engagement vrai, une lumineuse exaltation ?

Beaumarchais a su associer une efficacité au niveau de l'écriture et de l'action dramatique à une vérité de la psychologie des personnages qui n'ont pas vieilli. Quel bonheur alors, de travailler sur **La Trilogie**. Si la gaieté émane des personnages, de leur caractère, de leur esprit, une joie plus profonde sous-tend le texte. Nous y sentons la délectation souterraine d'un auteur amoureux de l'écriture, d'un auteur qui donne le primat aux mots. La parole devient un objet de désir. C'est par elle que les êtres se construisent. L'intrigue perd sa place primordiale, elle devient trame et prétexte au déploiement du langage.

Beaumarchais a su communiquer au théâtre son esprit ludique, son goût de l'acrobatie lexicale. Jongleur, il crée une dramaturgie de l'instant : le dialogue vise à combler le spectateur dans le temps où il est énoncé, édicté. Conesa souligne cette « modernité d'une démarche qui place le langage au centre du théâtre. » Les phrases « vides » disparaissent, les répliques mineures n'existent plus, tout échange est agrémenté. Beaumarchais est bien un « chercheur » novateur.

Avec lui, le langage dramatique se charge de nouvelles fonctions : s'il peut « instruire », « corriger », il sait le faire en « amusant » « ou en « émouvant » ; s'il est engagé et permet de prendre du recul par rapport à l'art dramatique, il est aussi porteur d'une musicalité toute esthétique. La parole devient un instrument de recherche de la vérité. Tenace, Beaumarchais remanie ses textes, dégraisse le dialogue et atteint par approximations successives à un vrai dynamisme, à une étonnante force de vie.

Mais Beaumarchais ne fige pas son dialogue en aphorismes ou répétitions :

« ... *Mon style ? Si par hasard j'en avais un, je m'efforcerai de l'oublier. Quand je fais une comédie, ne connaissant rien d'insipide au théâtre comme ces fades camaïeux où tout est bleu, où tout est rose, où tout est l'auteur, quel qu'il soit.* » (1). Son écriture dramatique refuse ainsi les ornières, concentre les effets, se permet de traiter avec humour les scènes dramatiques ou de mêler l'ironie au comique de répétition, et joue de concision et de stylisation en intégrant répétitions et accumulations.

Toutes les virtualités du langage sont utilisées, ses forces comiques ou poétiques, ses puissances satiriques ou mélodiques, ses capacités rythmiques ou sonores. Le spectateur est enchaîné, entraîné par un mouvement permanent et imprévu, du rire à l'émotion.

La Trilogie est bien une œuvre d'art, une Création originale. En y jouant de la mise en abîme, procédé des peintres et musiciens, Beaumarchais l'inscrit dans une vraie recherche esthétique. Si les petites touches de pinceaux donne à un tableau sa profondeur, si des juxtapositions de tons, de tempo ou d'allures confèrent à une symphonie sa séduction, de même ce sont bien les « petites touches » de rire et de larmes, d'accélérations et de ralentis, de longues et de brèves qui, bien assemblées, donnent aux pièces de Beaumarchais leur beauté.

Son langage dramatique ressemble à ce danseur qu'il décrit dans sa **Lettre sur la critique** :

« *Le voyez-vous s'avancer légèrement à petits bonds, reculer à grands pas, et **faire oublier le comble de l'art par la plus ingénieuse négligence ?**... Tantôt sur un pied, gardant le plus savant équilibre et suspendu sans mouvement pendant plusieurs mesures, il étonne, il surprend par l'immobilité de*

---

(1) Préface du Mariage de Figaro.

son aplomb... Et soudain, comme s'il regrettait le temps du repos, il part comme un trait, vole au fond du théâtre, et revient en pirouettant avec une rapidité que l'œil peut suivre à peine (...) Impétueux, turbulent, il exprime une colère si bouillante et si vraie, qu'il m'arrache de mon siège et me fait froncer les sourcils.

Mais reprenant soudain le geste et l'accent d'une volupté paisible, il erre nonchalamment avec une grâce, une mollesse et des mouvements si délicats, qu'il enlève autant de suffrages qu'il y a de regards attachés sur sa danse enchanteresse. »

Reste un dernier regret. Nous aurions aimé parler de la force d'un langage qui laisse la porte ouverte à de nombreuses interprétations. Le théâtre vise bien la re-présentation, la mise en scène ; nous aurions aimé confronter le texte au geste et à la parole du comédien, apprécier ce travail sur la pièce destiné à la déplacer d'un espace scriptural à un espace scénique, c'est-à-dire d'un univers à code unique (le mot dans sa nudité) à un univers à codes multiples (le jeu, la voix, les costumes, les gestes...).

Nous aurions aimé parler de la mise en scène de Jean-Pierre Vincent du **Mariage de Figaro**, de l'absolu respect des didascalies si riches et aussi, pourtant, des audaces du metteur en scène-archéologue fouillant le texte pour y trouver « l'épaisseur du signe » (Barthes). Nous aurions aimé, enfin, rappeler qu'un texte de théâtre, même musical, est un livret auquel il manque l'orchestre et son chef, une partition que les acteurs interprètent avec leur propre sensibilité.

Beaumarchais l'avait remarquablement compris qui parsème son texte d'interruptions ou de suspensions ouvertes, d'éléments prosodiques propices au déploiement de l'affectivité de l'acteur. Le langage de Beaumarchais est en cela étonnant. Si écrit qu'il soit, il reste un vrai texte de théâtre qui prend sa véritable ampleur lorsqu'il est dit, prononcé et joué.

BIBLIOGRAPHIE

A. ÉDITIONS UTILISÉES

BEAUMARCHAIS (Jean-Pierre de) : *Théâtre de Beaumarchais*, Garnier 1985.

ARNOULD (E.J.) : *La Genèse du Barbier de Séville*, Dublin et Paris, Minard, 1965.

RATERMANIS (J.B.) : *Le Mariage de Figaro*, Studies and Voltaire and the XVIIIth Century, vol. LXIII, Genève, 1968.

MANUSCRIT BN des *Noces de Figaro.*

B. OUVRAGES RELATIFS
A L'ŒUVRE DE BEAUMARCHAIS

CONESA (G.) : *La trilogie de Beaumarchais*, Paris, PUF littératures modernes, 1985.

SCHÉRER (J) : *La dramaturgie de Beaumarchais*, Paris, Nizet, 1989.

POMEAU (René) : *Beaumarchais, l'homme et l'œuvre*, Paris, Hatier-Boivin, 1967, coll. Connaissance des lettres.

PROSCHWITZ (G. Von) : *Introduction à l'étude du vocabulaire de Beaumarchais*, Stockholm, Almquist ans Wiksell, 1956.

REVUE Europe, Avril 1973 *(numéro spécial Beaumarchais).*

COMBEAU (B.) : *Le Mariage de Figaro*, Paris, Hachette, 1992.
STALLONI (Y.) : *L'École des lettres*, n° 13, 1985-1986.
LARTHOMAS (P.) : article : *La Harpe critique de Beaumarchais*, in *Dramaturgies, langages dramatiques* : Mélanges pour J. Schérer, Nizet, 1986.

C. OUVRAGES GÉNÉRAUX RELATIFS AU GENRE DRAMATIQUE EN GÉNÉRAL

LARTHOMAS (P.) : *Le langage dramatique*, Paris, PUF, 1990.
UBERSFELD (A.) : *Lire le théâtre*, éditions sociales, Paris, 1977.
MAUZI (P) : *Précis de littérature du XVIIIᵉ siècle*, Paris, PUF.
CONESA (G.) : *Le dialogue moliéresque*, PUF, 1983.

TABLE DES MATIÈRES

CHAPITRE 2 :
UN LANGAGE PLURIEL MAIS SINGULIER

CHAPITRE 3 :
LA SYMPHONIE LANGAGIÈRE

Impressions DUMAS
42100 SAINT-ÉTIENNE
Dépôt légal : Décembre 1997
N° d'imprimeur : 33814

Imprimé en France